Haftungsausschluss:

Die Ratschläge im Buch sind sorgfältig erwogen und geprüft. Alle Angaben in diesem Buch erfolgen ohne jegliche Gewährleistung oder Garantie seitens des Autors und des Verlags. Die Umsetzung erfolgt ausdrücklich auf eigenes Risiko. Eine Haftung des Autors bzw. des Verlags und seiner Beauftragten für Personen-, Sach- und Vermögensschäden oder sonstige Schäden, die durch die Nutzung oder Nichtnutzung der Informationen bzw. durch die Nutzung fehlerhafter und/oder unvollständiger Informationen verursacht wurden, ist ausgeschlossen. Verlag und Autor übernehmen keine Haftung für die Aktualität, Richtigkeit und Vollständigkeit der Inhalte und ebenso nicht für Druckfehler. Es kann keine juristische Verantwortung und keine Haftung in irgendeiner Form für fehlerhafte Angaben und daraus entstehende Folgen vom Verlag bzw. Autor übernommen werden.

Sollte diese Publikation Links auf Webseiten Dritter enthalten, so übernehmen wir für deren Inhalte keine Haftung, da wir uns diese nicht zu eigen machen, sondern lediglich auf deren Stand zum Zeitpunkt der Erstveröffentlichung verweisen.

Bibliografische Informationen der Deutschen Nationalbibliothek

Die Deutsche Nationalbibliothek verzeichnet diese Publikation in der Deutschen Nationalbibliografie; detaillierte bibliografische Daten sind im Internet über http://dnb.dnb.de abrufbar.

1. Auflage 2023
© 2023 by Remote Verlag, ein Imprint der Remote Life LLC, Oakland Park, US
Alle Rechte vorbehalten. Vervielfältigung, auch auszugsweise, nur mit schriftlicher Genehmigung des Verlages.

Redaktion: Jérôme Helmke
Lektorat und Korrektorat: Lena Bauer, Markus Czeslik
Umschlaggestaltung: Nina Maaß I Purpurorange Grafikdesign I
www.purpurorange.de
Satz und Layout: Zarka Bandeira
Illustrationen und Grafiken: Zarka Bandeira

ISBN Print: 978-1-955655-78-1
ISBN E-Book: 978-1-955655-79-8
www.remote-verlag.de

BEATE GLÖSER

MEIN
SPIRITUELLER
WEG

ZUM
MILLIONEN-
UNTERNEHMEN

Erlaube dir, ENDLICH erfolgreich zu sein und erlange
finanzielle Freiheit

INHALTSVERZEICHNIS

MEIN
SPIRITUELLER
WEG

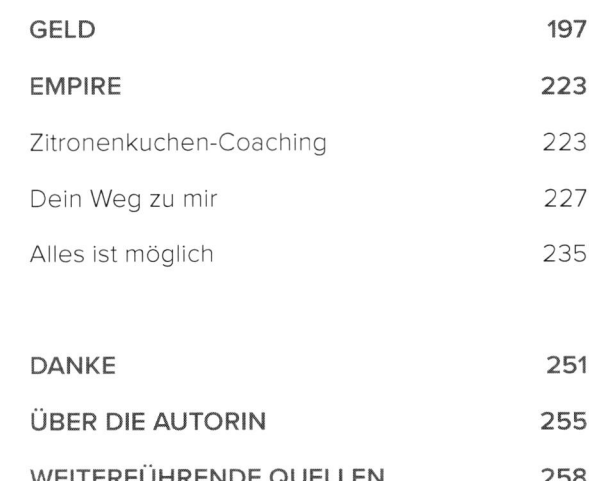

FÜR MICH

Als mich meine Freundin fragte, wem ich das Buch widmen möchte, kam sofort der Gedanke: für mich. Kurz darauf der nächste Gedanke: Kann ich das machen? Interessanterweise hatte auch sie den Gedanken, dass ich es mir selbst widme. Danke für den Spiegel, dachte ich. Ich bin in mich gegangen und habe entschieden, dass ich das Buch für mich schreibe. Mit jedem Satz, den ich hier schreibe, verstehe ich mich ein Stück mehr. Dafür bin ich sehr dankbar. Ja, in erster Linie mache ich es für mich – es ist wie eine Reflexion meiner selbst, Anerkennung sowie tiefe Dankbarkeit für mich und somit für den Weg, den ich gegangen bin. Und ich schreibe es auch für dich, um dich zu inspirieren und dir Mut zu machen, deinen eigenen und einzigartigen Weg zu gehen. Wenn es sich für mich gut anfühlt, wird es auch für dich gut sein, denn diese Energie fließt in jedes meiner Worte und wir sind ohnehin alle miteinander verbunden. Das Buch ist für alle, die es mit ihrem Herzen lesen, um für sich genau das rauszuziehen, was für sie gerade wichtig ist. Ich bin zu 100 Prozent davon überzeugt, dass alle Menschen *erfolg-reich* sein können, wenn sie verstehen, was ich hier mit diesem Buch zum Ausdruck bringen möchte. Das ist mein Beitrag für dich, um dich dem Leben ein Stück näher zu bringen, das du dir von Herzen wünschst. Denn Reichtum ist kein Privileg, Reichtum ist deine Wahl.

VORWORT

Dieses Buch, das du gerade in der Hand hältst, ist ein sehr besonderes Buch.

Es ist ein Teil meiner Manifestation und meines Weges. Als ich entschieden habe, es zu schreiben, hatte ich noch kein Millionenunternehmen, aber ich spürte, dass es in diesem Jahr kommen würde. Ich war mit der Technik des Manifestierens schon sehr erfolgreich und führte bereits ein erfolgreiches Business. Die Umsatzmillionen waren jedoch noch nicht da, und von einem Unternehmen konnte noch nicht die Rede sein.

Als ich mich dazu entschied, dieses Buch zu schreiben, war mir klar, dass im Titel «irgendwas mit Millionen» stehen müsse. Das Cover habe ich bereits vor mir gesehen. Es war schon da, bevor der ganze Text geflossen ist. Und gleichzeitig ist durch die Entwicklung dieses Buches mein Millionenunternehmen entstanden. Den Weg, den ich in diesem Buch aufzeige, musste ich erst noch gehen, als ich die Entscheidung für dieses Buch Ende 2021 traf.

Ich beschreibe hier nur Fragmente, da dieses Buch niemals ausreichen würde, um wirklich mein ganzes Leben und jedes wichtige Detail festzuhalten. Ich glaube, das ist sehr gut nachvollziehbar. Es sind so viele Puzzleteile, die zusammenkommen, die ich aber nicht alle in Worte fassen kann, weil es den Rahmen

sprengen würde. Gleichzeitig spielt sich auch bei mir viel unterbewusst ab, was sich nicht explizit beschreiben lässt. So kann
dieses Buch keinen Anspruch auf Vollständigkeit haben, aber ich
bin sicher, dass du viele neue Erkenntnisse und hilfreiche Ideen
gewinnst, wenn du dem Geschriebenen offen begegnest und dein
Herz dafür öffnest. Es ist eine Mischung zwischen persönlichen
Geschichten und Business-Themen, die aus meiner Sicht für ein
erfolgreiches Unternehmen extrem relevant sind. Für mich gibt
es inzwischen keine Trennung zwischen Business- und Privat-
leben, denn mein Business ist ein Teil meines gesamten Lebens,
und zwar ein sehr großer. Ich lebe und liebe mein Business,
darüber erfahre ich mich immer wieder neu. Verändere ich mich,
verändert sich mein Business. Geht es mir privat nicht gut, hat es
Einfluss auf mein Business und andersherum.

Du kannst das Buch von Anfang bis zum Ende lesen oder es
intuitiv nutzen. Wenn dich irgendein Kapitel gerade besonders anzieht, folge deinem Impuls und lies die Stelle, die dich interessiert.

So wie mein Erfolg aus vielen einzelnen Puzzleteilen entstanden
ist, so habe ich auch dieses Buch aufgebaut. Es sind einzelne
Aspekte, die für meinen Erfolg wichtig waren, und dennoch hängt
alles miteinander zusammen. Wie alles, was wir erleben. Daher
wiederholt sich auch in dem ein oder anderen Kapitel eine Erkenntnis oder ein Umsetzungstipp, der für unterschiedliche
Themen relevant ist. Du findest in jedem Kapitel einen Mehrwert

für dich, wenn du es mit einem offenen Herzen liest und dir erlaubst, nicht nur die Worte zu verstehen, sondern auch die Energie wahrzunehmen, mit der ich es geschrieben habe. Was ich damit meine, ist deine Haltung, mit der du das Buch liest. Wenn du beispielsweise die Haltung hast: «Ich weiß das alles schon» oder «Ja, sie hat leicht reden», dann geht auch dein Fokus, deine Energie in eine Richtung, die dir eher nicht dienlich ist. Du wirst mir womöglich unterstellen, dass ich nur Humbug rede, dass es eh nichts bringt, dass es nicht sein kann usw. Dein Gehirn wird dann die Bestätigung im Außen suchen, warum es nicht funktioniert. Und natürlich wirst du damit recht haben, denn wir haben immer recht und suchen nach der Wahrheit, die das bestätigt. Die Frage ist nur, ob dir das weiterhilft. Wenn du neugierig und offen bist, wirst du viel mehr für dich an Erkenntnissen gewinnen, die dir dabei helfen, deinen eigenen Weg erfolgreich zu gehen. Du wirst dich darin erkennen und verstehen, an welchen Stellen du dich selbst noch begrenzt oder wie du dir das manifestierst, was du (bewusst) gar nicht haben willst. Ich teile meinen Weg mit dir, zeige mich so, wie ich bin, weil ich weiß, dass auch du mit all dem, was und wie du bist, sehr erfolgreich bist, wenn du dich selbst für genau das anerkennst. Und du wirst sehen, dass ich auch nur eine ganz «normale» Frau bin, die nicht mit Superkräften geboren wurde, sondern die ihre Superkräfte, die wir alle in uns tragen, erst anzuerkennen lernen durfte. Denn unsere Superkräfte kommen zum Vorschein, wenn wir anerkennen, dass wir

perfekt sind, so, wie wir sind, und wenn wir genau diese Erkenntnis nutzen, statt andere nachzuahmen.

Weil ich die Dinge anders mache, als es normalerweise üblich ist, und damit meinen eigenen Weg gehe, bin ich erfolgreich. Auch dieses Buch schreibe ich auf meine eigene Weise.

Viel Spaß beim Lesen!

Deine Beate

ANKOMMEN

Bevor du anfängst zu lesen, atme dreimal tief ein und aus und entscheide dich bewusst dafür, dieses Buch zu lesen.

Bist du bereit?

Dann tauche ein und freu dich auf die Reise, die wir zusammen antreten.

Stell dir einen riesigen, endlosen Nachthimmel vor, an dem nichts als Sterne funkeln. Er ist so wunderschön und scheint kein Ende in Sicht zu haben – genau wie du. Die Wahrheit ist, dass unser Universum nicht durch irgendwelche Grenzen limitiert ist. Was uns stattdessen begrenzt, sind menschliche Interaktionen, Meinungen und Glaubenssätze, die wir ungefragt von unserer Familie übernehmen – also all das, was uns gesellschaftlich und kulturell weitergegeben wird und was wir in der Regel nicht hinterfragen.

Wir können entweder in dieser kleinen Kiste namens «Ich» feststecken, die uns davon abhält, uns zu erweitern. Oder wir entscheiden uns, das grenzenlose Universum in uns selbst zu entdecken.

Und auch wenn alles grenzenlos ist, wird es durch die universellen Gesetze zusammengehalten. Alles ist miteinander verbunden. Und alles ist immer für uns. Immer. Wirklich immer. Ich kann es gar nicht oft genug sagen: immer.

Manchmal ist es auf den ersten Blick schwer zu erkennen. Es scheint, als hätte sich alles gegen uns verschworen. Und viel später kommt die Erkenntnis, wofür alles gut war. Kennst du das?

Deshalb macht es Sinn, dass du dich mit den universellen Gesetzen beschäftigst. Wahrscheinlich ist das der Grund, warum du dieses Buch in der Hand hältst.

Es hat dich gefunden, du hast es dir manifestiert. Es ist kein Zufall, dass du es gerade in den Händen hältst. Es gibt einen guten Grund dafür, auch wenn du ihn gerade noch nicht kennen musst.

Wenn du dein Leben verändern möchtest, es in irgendeiner Form als besser, leichter und mit mehr Freude erleben willst, kannst du es erreichen, indem du die universellen Gesetze verstehst und anwendest. Verstehen allein reicht nicht aus. Es geht nämlich nicht um Wissen, sondern um die Umsetzung des Wissens. Das beschreibt der Satz: Wissen ohne Umsetzung ist Nicht-Wissen. Es geht darum, Dinge anders zu machen als bisher. Andere Gedanken zu haben und andere Entscheidungen zu treffen. Also dein Wissen in allen Lebensbereichen zu fühlen und zu verkörpern. Verinnerlichtes und angewandtes Wissen ist das, was für dich von Bedeutung ist.

Wissen und Worte sind leere Hülsen, die erst durch deine Erfahrung eine Bedeutung bekommen. Vor allem geht es um deine Energie. Deine Energie hinter den Worten ist mächtiger als alles andere. Denk daran, wenn du mit anderen kommunizierst und auch, wenn du mit dir selbst sprichst. Energie ist mächtiger als alle Worte. Wort ist nicht gleich Wort. Es kommt darauf an, von wem es gesprochen wird, wie es gesprochen wird und vor allem, ob dieser jemand diese Worte als Erfahrung gespeichert hat, weil er es erlebt hat, oder ob er es gelesen hat und dir als Theorie weitergibt.

In diesem Buch spreche ich oft von Geld, denn ich mag Geld und das, was ich mit Geld machen kann. Ich finde Geld toll und habe mir mein Leben lang etwas anderes einreden lassen. Wenn ich vom grenzenlosen Universum spreche, dann ist Geld auch ein Teil davon. Warum sollten wir uns davon distanzieren? Das ergibt überhaupt keinen Sinn. Wenn alles möglich und Fülle unser Normalzustand ist, dann gehört Geld definitiv dazu.

Die meisten Menschen wollen mehr Geld haben, aber sie bestellen es ständig ab, indem sie Geld für Dinge verantwortlich machen, die nichts mit Geld zu tun haben. Geld unterliegt den universellen Gesetzen, wie alles andere auch, deswegen macht es Sinn, dass du verstehst, wie Geld funktioniert. Um mehr Geld anzuziehen, darfst du eine gute Beziehung zu Geld aufbauen. Je besser deine Beziehung zu Geld ist, desto mehr wird davon in dein Leben kommen.

MEIN MOTTO

«Wer klein ist, macht andere klein. Wer groß ist, macht andere groß.»

— Beate Glöser —

Während ich früher dachte, ich müsse mich etwas kleiner machen, um den anderen nicht das Licht zu nehmen, weiß ich heute, dass das ein komisches und angelerntes Programm ist, das niemandem dienlich ist. Weder dir noch dem anderen, dem du damit helfen willst. Sätze wie «Lass die anderen auch mal», «Du bist zu laut» oder «Du bist zu viel» haben zu dieser Zurückhaltung beigetragen. Dabei ist sie absolut kontraproduktiv. Während ich jahrelang versucht habe, mich kleiner zu machen, als ich bin, habe ich nicht so vielen Menschen geholfen, wie ich es heute tue. Ich habe mich zurückgehalten und dadurch auch anderen unbewusst gesagt: Halte dich zurück, so toll bist du auch wieder nicht. Ich muss schmunzeln, während ich diese Zeilen schreibe. Heute erscheint mir das unlogisch. Aber es gibt viele Menschen, die meinen, sie müssten sich aus falscher Bescheidenheit zurücknehmen, um anderen kein schlechtes Gefühl zu vermitteln. Ich war sogar superstolz darauf, bescheiden zu sein und nicht nach mehr zu fragen. Das war für mich eine große Tugend, ich wurde dafür gelobt. Zu erkennen, dass ich Bescheidenheit als Praxis praktiziere, um Anerkennung zu bekommen, war eine große Erkenntnis für mich. Vor allem erkannte ich, dass ich genau das auch an andere weitergebe. Erfolgreich zu sein und mehr haben zu wollen, stand dazu irgendwie im Widerspruch.

Seit ich verstanden habe, dass ich nur in meiner vollen Größe auch anderen ein Licht bin und sie dadurch ermuntere, ihren Weg zu gehen, hat sich meine Hebelwirkung enorm verstärkt. Alles, was ich in mir sehe, sehe ich in anderen. Nachdem ich den Blick darauf gerichtet habe, was ich alles kann, wie besonders ich bin, welche Gaben und Fähigkeiten ich habe, und vor allem als ich anfing, das zum Ausdruck zu bringen, sind Menschen auf mich aufmerksam geworden. Wir alle sehnen uns nach einem glücklichen und erfüllten Leben. Das haben wir nicht, wenn wir uns immer ein bisschen schlechter machen, als wir sind. Trotzdem ist es das, was uns beigebracht wurde, und die Mehrheit der Menschen lebt genau dieses Konzept. Wenn wir anderen Menschen begegnen, die selbstbewusst sind, die Freude ausstrahlen, die zu sich stehen, die ihre Größe zeigen, die sich nicht durch andere beirren lassen, dann sind wir beeindruckt und fühlen uns von ihnen angezogen. Denn wir wollen das in unserem tiefsten Herzen auch. Deswegen ist es kein Wunder, dass ich durch die Veränderung in mir die Veränderung im Außen erschaffen habe und Menschen angefangen haben, von mir mehr und mehr lernen zu wollen. Wenn ich mal unsicher werde und versuche, mich künstlich kleinzumachen, mache ich mir bewusst, dass ich damit niemandem helfe. Dieser Gedanke allein bewirkt schon Wunder. Du kannst es einfach von mir übernehmen, ich gebe es dir sehr gern weiter, damit auch du deine Größe nicht mehr versteckst. Und wenn schon nicht für dich, dann für diese Welt, die mehr Größen vertragen kann. Viel Spaß beim «Groß-Denken», «Groß-Sein» und dabei, Großes zu erschaffen.

HERZ

SPIRITUALITÄT

Spiritualität ist für mich eine tiefe Verbundenheit mit mir selbst und meinem inneren Erleben. Ich erschaffe alles aus meinem Inneren heraus. Wenn ich von meinem spirituellen Weg spreche, dann spreche ich vor allem darüber, wie sich mein Bewusstsein im Laufe der Zeit verändert hat und wie ich mir mehr und mehr darüber bewusst werde, was ich denke, wer ich bin – und warum ich das im Außen erlebe, was ich erlebe. Alles im Außen ist durch unsere innere Welt erschaffen worden, nur leider sind wir in der Regel so sehr mit dem beschäftigt, was die Situationen im Außen sind, dass wir die Verbindung nach innen nicht bewusst wahrnehmen. Auf meinem Weg, den ich als spirituell beschreiben würde, wird diese Diskrepanz zwischen Innen und Außen immer weniger, weil mein Bewusstsein sich immer mehr vergrößert. Ich bin der Meinung, dass unser Bewusstsein unendlich ausgedehnt werden kann, wenn wir immer mehr nach innen schauen. Dafür ist es enorm wichtig, anzuerkennen, dass wir die Schöpfer unserer Welt sind und nicht einfach nur Akteure, die auf die Außenwelt reagieren, und das auch noch voll auf Autopilot.

Ich glaube, dass wir alle miteinander verbunden und Teil eines größeren Ganzen sind. Es gibt so viel mehr als das, was wir mit unseren fünf Sinnen wahrnehmen können. Deswegen können wir vieles fühlen und wissen im Vorfeld Dinge, die wir eigentlich nicht wissen können. Das ist unser inneres Wissen, das wir nicht mit dem logischen Verstand erklären können.

Das Buch heißt: «Mein spiritueller Weg zum Millionenunternehmen», weil es meinen individuellen Weg aufzeigt, der nicht nach irgendwelchen Regeln im Außen, die das vermeintlich Richtige sind, verlaufen ist. Vor allem geht es um die Verbindung zu mir selbst und die Erkenntnisse, die ich durch meine Erfahrungen gewonnen habe. Dadurch konnte ich viele Muster erkennen, die sich immer wieder gezeigt haben. Anhand der universellen Gesetze, die ich immer tiefer verstanden habe, konnte ich sie mir zunehmend besser erklären.

Für mich ist Spiritualität eine Quelle der Kraft und Inspiration, die aus meinem Inneren entspringt. Egal wie schwer sich alles anfühlt, egal wie schwierig gerade alles im Außen ist, hilft mir der Zugang zu mir selbst, zu meinem inneren Wissen, mich mit mir selbst zu verbinden und dabei wieder Kraft und Halt zu spüren.

Ich spreche oft vom Universum. Dieser Begriff hat sich in den letzten Jahren in seiner Bedeutung für mich verändert. Früher dachte ich, das Universum sei etwas im Außen, etwas Göttliches, etwas viel Größeres als ich. Und vielleicht kennst du auch das Gefühl, dass es eine Kraft außerhalb von dir gibt, die du zwar nicht siehst, die du aber irgendwie spürst, die da ist und Außergewöhnliches erschaffen kann. Du kannst es nicht erklären. Vielleicht halten dich die anderen für verrückt, aber du weißt es einfach. Ich spürte diese Kraft schon immer. Ich wusste nicht, wie ich sie nennen sollte, bis mich der Begriff des Universums fand. Ich mag diesen Begriff und verwende ihn sehr gern. Du kannst auch einen anderen Begriff verwenden, denn es kommt nicht auf das Wort an, sondern darauf, welche Bedeutung du dem Wort gibst und welche Erfahrungen du damit gemacht hast.

Auf jeden Fall glaube ich heute immer noch, dass das Universum etwas sehr Großes und Mächtiges ist, was so viel mehr umfasst, als wir erahnen können. Gleichzeitig bin ich davon überzeugt, dass ich selbst das Universum bin, dass du es bist und jeder Einzelne es ist. Ich fühle tief in mir, dass ich alles aus mir heraus erschaffen kann, wenn ich mich dazu entscheide. Das bedeutet, dass ich selbst diese mächtige Kraft bin, die innere Verbindung zu meiner Essenz, die so viel mehr ist als die menschliche Hülle. Ich lerne sehr gern und sehr viel und nehme wahr, dass der innere Raum umso größer wird, je mehr ich lerne. Es ist, als wäre der Raum sowohl nach innen als auch nach außen unendlich und niemals fertig. Dann wird mir immer mehr bewusst, wie sehr wir als Menschen in unseren menschlichen Körpern begrenzt sind. Mit zunehmendem Wissen habe ich das Gefühl, dass es noch mehr zu entdecken gibt und ich irgendwie doch keine Ahnung habe. Vor allem spüre ich, wie sehr sich meine Wahrnehmung, meine Wahrheit und meine Ansichten über die Welt verändern. Nichts ist statisch. Durch jede Erfahrung, die ich mache, erlebe ich, dass mein Denken von gestern schon wieder veraltet ist. Wenn ich dieses Buch in zwei Jahren lese, werde ich wahrscheinlich ganz viele Aspekte, die heute meine Wahrheit sind, ganz anders sehen, weil ich in zwei Jahren an einer ganz anderen Stelle stehe und andere Erfahrungen gemacht habe. Mit jeder Erfahrung, die ich mache, gewinne ich neue Erkenntnisse über mich und die Welt. Das ist okay, denn wenn du dieses Buch gerade in den Händen hältst, weiß ich, dass du genau das heute lesen darfst und du dir genau diese Erfahrung ausgesucht hast. Es ist jetzt perfekt für dich und ein Puzzleteil für deine nächste Erfahrung.

Wir sind spirituelle Wesen mit einem Verstand und einem physischen Körper. Diese drei Teile miteinander in Einklang zu bringen, ist manchmal so eine Sache, denn spirituell heißt für mich grenzenlos, während unser Körper und Verstand schon per definitionem begrenzt sind. Du hast nun mal einen Körper und bist in diesem Körper zu Hause. Vielleicht fühlst du auch manchmal, dass er irgendwie zu klein ist. Oft haben wir das Gefühl, da steckt noch so viel mehr drin, als wir ausleben. Ich glaube, dass das die grenzenlose Energie ist, die wir spüren. Die Energie ist viel weiter und größer als dein Körper und dein Verstand. Sie ist die Verbindung zum großen Ganzen, da wir alle Energie sind. Woher ich das weiß? Ich weiß es einfach. Ich fühle es und du musst es mir nicht glauben. Du kannst es einfach fühlen, wenn du dich dafür öffnest. Es kann sein, dass in diesem Buch manches für dich total nachvollziehbar ist und manches noch nicht oder du vielleicht schon eine andere Erfahrung gemacht hast und deswegen dein Bewusstsein weiter ist. Dabei bist du richtig und ich bin richtig. Weißt du, was ich meine?

Wenn du also das Universum bist, bist du grenzenlos und kannst alles möglich machen, wofür du dich entscheidest. Alles, was du sehen kannst, alles, was du fühlen kannst, kannst du energetisch in Materie verändern, manifestieren. Energie geht nicht verloren, das haben wir in der Physik gelernt, aber Energie kann transformiert werden. Alles ist Energie, somit sind es auch deine Gedanken, deine Gefühle und entsprechend deine Handlungen. Alles hat eine bestimmte Energiefrequenz.

Jetzt kannst du deine Energie dazu nutzen, nach deinen Makeln zu suchen, oder deine Fähigkeiten und Gaben nutzen, um zu leben. Denn du bist hier auf der Welt, um Erfahrungen zu machen. Alles, was du machst, hat Konsequenzen. Du erschaffst schon in dem Moment etwas neu, in dem du entscheidest, das zu denken, was du denken willst. Dafür darfst du wissen, was du wirklich willst.

Dazu mehr im Kapitel «Ziele». Der spirituelle Weg ist somit der Weg zu dir selbst, der immer tiefer und tiefer geht und niemals endet. Denn die Tiefe deiner Erkenntnisse über dich selbst ist auch unendlich.

Du machst immer intensivere Erfahrungen mit dir selbst. Dabei gibt es einen Unterschied, ob du über dich nachdenkst oder dich über das Außen erfährst.

Zum Beispiel behaupten viele von sich, dass sie ehrlich seien. Sie sagen, dass sie ihre Bedürfnisse kennen und für sich einstehen würden. Ehrlichkeit ist hier nicht das Gegenteil von Betrug, sondern vielmehr der Blick ins eigene Innere. Dabei geht es um die Erfüllung von Wünschen, Sehnsüchten oder Bedürfnissen. Wenn du wirklich ehrlich zu dir bist, weißt du genau, was du willst. Und wenn es darum geht, es auszusprechen, hältst du dich vielleicht zurück. Manchmal aus Angst, jemanden zu verletzen, möglicherweise zu verlieren, oder aus Scham, weil deine Bedürfnisse nicht den Vorstellungen der Gesellschaft entsprechen. Das kann alles vom protzigen Auto bis hin zu sexuellen Phantasien sein. Du traust dich nicht, zu dir zu stehen, weil du dir Gedanken darüber machst, was andere darüber sagen könnten. Genau hier finde ich es wichtig und sehr spirituell, wahrhaft ehrlich zu *sein* und nicht nur theoretisch davon zu sprechen. Die Umsetzung deiner Wünsche, Träume und Sehnsüchte ist eine spirituelle Handlung. Du folgst dem Ruf deiner inneren Stimme. Ohne die

Bewertung, ob es gut, schlecht, richtig oder falsch ist. Denn die Bewertung kommt nicht von dir, sie kommt aus den erlernten gesellschaftlichen Normen, die dir beigebracht wurden und die du ungefragt übernommen hast. Wir dürfen anfangen zu hinterfragen, was wirklich von uns kommt und was nicht.

Ich sehe das so: Du bekommst ein Signal, dass du dir etwas wünschst, dann: Go for it! Oft kommt in dem Moment, in dem du den Impuls bekommst, auch sofort die Bewertung, ob es okay ist oder nicht – die Bewertung: Ist es sicher für mich, das so offen zu kommunizieren, oder muss ich befürchten, bewertet zu werden? Dieser Angst wollen wir uns oft nicht stellen.

Die Umsetzung von Wissen ist für mich ebenfalls ein wichtiger Aspekt von Spiritualität. Wie oft höre ich, dass die Menschen sagen: «weiß ich» oder «habe ich schon gehört»! Es nützt überhaupt nichts, wenn du *weißt*, dass z. B. Meditation oder Dankbarkeit mächtige Tools sind. Solange du sie nicht anwendest, bringen sie dir gar nichts. Es heißt nicht, dass du sie immer anwenden musst, aber du weißt gar nichts darüber, wenn du keine Erfahrung damit gemacht hast. Und ich meine damit auch nicht, einmal ausprobiert, für schlecht befunden und abgetan. Du weißt es theoretisch, also musst du es nicht machen. Machen musst du es natürlich ohnehin nicht, nur ist es so keine bewusste Wahl. Denn die Wahl treffen wir in solchen Momenten aus der Bequemlichkeit heraus, aus dem Gewohnten, aus dem, was wir kennen.

Für mich ist es auch hochspirituell, sich dem Neuen zu öffnen, dadurch Neues zu erschaffen und eine echte Veränderung zu vollbringen. Veränderung von innen nach außen.

Wir wollen einfach aus unserer tiefsten Essenz heraus unterschiedliche Erfahrungen machen. Wenn wir immer das Gleiche auf die gleiche Art und Weise machen, fangen wir an, uns zu langweilen. Dadurch sind wir nicht motiviert, wir brennen nicht und bleiben stehen. Wir sagen dann «Mache ich morgen» und bleiben auf der Couch liegen. Wenn wir uns und unserer inneren Stimme folgen, sind wir im Einklang mit uns selbst. Sobald wir wirklich eine Erfahrung gemacht haben, sind wir bereit für neue Erfahrungen. Und so geht es immer und immer wieder von vorn. Dadurch verändert sich unser Bewusstsein kontinuierlich – und das ist gut so.

ABUNDANCE/FÜLLE

Das englische Wort «Abundance» ist für mich als Wort schon ein Fest. Ich kann es genussvoll ganz lang dehnen und mein Gefühl von Fülle hineinlegen. Probier es mal aus: Aaa-buuun-daaaaance. Wenn du dabei die Arme ausbreitest, verstärkt sich das Gefühl. Es ist so viel tiefer als das kurze deutsche Wort «Fülle». Mach es noch einmal. Atme tief ein und sprich es aus: Aaa-buuun-daaaaance. Unterstütze das Ganze mit einem erfüllten Seufzer, der Zufriedenheit und ein Wohlgefühl untermalt.

Ich glaube, dass viele Menschen ein falsches Bild von Fülle haben. Fülle bedeutet für sie, dass immer alles gut ist, sie sich ausschließlich gut fühlen und alles so ist, wie sie es haben wollen. Dem ist nicht so, zumindest nicht ganz. Fülle ist nämlich das, was da ist. Und damit ist alles gemeint, was da ist. Wir müssen also keine Fülle kreieren, sondern zunächst die limitierenden Mangel-gedanken loslassen, um Fülle zu sehen und zu fühlen. Das Gute, das Böse, das Schlechte, das Schöne, das Dankbare, das Un-dankbare ... alles. Durch unsere Bewertung trennen wir es vom Ganzen. Vor allem trennen wir es in gut und schlecht. Wir sagen: Dankbar ist gut, undankbar schlecht. Die Wahrheit ist: Das eine existiert nicht ohne das andere. Das ist die Ganzheit. Alles ist in jedem Moment da und existiert gleichzeitig. Nichts ist besser oder schlechter, außer wir bewerten es als gut und schlecht –

was wir Menschen dauernd tun. Aus universeller Sicht ist alles gleichwertig.

Die Welt an sich ist, wie sie ist. Alles, was da ist, ist da. Alles gehört dazu und ist ein Teil eines Ganzen, ansonsten wäre es nicht da. Wir können etwas bekämpfen und bedauern, wie schlecht es ist, oder die Tatsache akzeptieren, dass es jetzt so ist und die Welt genau zu dem macht, was sie gerade ist. Deswegen ist es so wichtig, erst einmal anzuerkennen, dass alles, was da ist, zu 100 Prozent perfekt ist. In dem Moment, in dem es perfekt ist, ich es nicht mehr bekämpfe oder in den Widerstand gehen muss, ist die Energie im Fluss. Trotzdem kann ich es verändern. Es bedeutet ja nicht, dass ich in meinem Leben nichts verändern möchte. Ganz im Gegenteil, ich verändere mich jeden Tag. Ich erlebe jeden Tag Situationen, anhand derer ich erkennen darf, was ich mag und was ich nicht mag.

Ich erlebe Dinge, die mich herausfordern oder die mich langweilen. Natürlich gehört das zum Leben dazu. Dabei ist jedoch wichtig, wie meine Bewertung der Situation ist und wie ich auf die Situation antworte. Ich sage hier bewusst, wie ich auf die Situation *antworte,* und nicht, wie ich *reagiere.* Reaktionen sind in der Regel unterbewusste Programmierungen, die emotional und ungefragt aus uns herausschießen. Im weiteren Sinn kannst du sagen, es sind unterbewusste Bewertungen zu bestimmten Situationen, die mit einer bestimmten Emotion verknüpft sind.

Läuft etwas nicht nach Plan, kommt unreflektiert die Reaktion: doof, will ich nicht, mag ich nicht.

Wenn ich sage, dass ich auf die Situation antworte, dann nehme ich mir Zeit und wähle bewusst, was ich als nächstes tue. Ich sehe das, was ist, und überlege, wie ich am besten darauf antworte. Mit meinen Gedanken, mit meinen Gefühlen und wie ich dann handle. Sicherlich kennst du Situationen im Leben, in denen du aus der Emotion heraus gehandelt hast, schnell, unüberlegt – und hinterher hast du dir gewünscht, das hättest du niemals gesagt, das hättest du nicht gemacht.

Lass uns ein konkretes Beispiel aus dem Businessbereich betrachten: In einem Monat gewinne ich zehn neue Kunden und bin sehr glücklich. Ich denke gar nicht darüber nach, ich bin einfach nur happy, weil ich es mir vorgenommen und erreicht habe. Check.

Im nächsten Monat gewinne ich «nur» einen Kunden und merke: Oh, das gefällt mir gar nicht. Unzufriedenheit steigt in mir hoch, ich bin gereizt und nicht gut drauf. Vielleicht kommt auch Angst auf, wie ich meine Rechnungen bezahlen soll.

Hier ist es wichtig, dass wir unterscheiden zwischen:

1 Das gefällt mir nicht, ich verändere es, ich lerne aus dieser Situation. Ich bekämpfe es nicht, ich verurteile mich nicht, ich verurteile die Situation nicht. Es ist auch okay, keinen neuen Kunden zu haben. Diese Antwort auf die Situation kann sehr fruchtbar sein, denn du antwortest auf das, was da ist.

2 Ich reagiere auf solch eine Situation mit Panik, Unzufriedenheit, Gereiztheit usw.

Wenn ich diesen Prozess bewusst durchlaufe, ist das ein Geschenk. Ich weiß, ich will wieder zehn neue Kunden, das ist okay, das ist gut und ein schönes Ziel. Aber wie soll ich zehn Kunden gewinnen, wenn ich mich ständig darüber ärgere, dass ich nur einen Kunden habe? Ich könnte diesen einen Kunden wertschätzen und einfach nach mehr fragen. Sei dankbar für das, was da ist, und frage nach mehr. Das ist meine Einstellung, denn das bedeutet für mich, «aus der Fülle heraus zu handeln». Übersetzt bedeutet es konkret: aus dem Jetzt heraus zu handeln. Denn das Jetzt ist schon da.

Wenn ich aber die Situation als «falsch» erkläre, sage: «Das Jetzt ist falsch, das darf nicht sein!», dann erzeuge ich einen Mangel.

Ich sage mir, dass mit dieser Situation etwas nicht stimmt. Dass es nicht gut ist. Zehn Kunden waren gut, aber ein Kunde ist nicht gut. Nur durch diesen Gedanken ist aus der Fülle, die da ist, ein Mangel entstanden, der vorher nicht da war. Aber das ist nun mal gerade da. Egal wie sehr ich es bekämpfen will, es ist Fakt, dass gerade ein Kunde da ist. Und Fakt ist auch, dass es mein Ergebnis ist und ich dafür verantwortlich bin.

Denken wir weiter, wie du deine Perspektive verändern kannst. Ein Kunde ist ein Kunde. Wie sehr kannst du dich darüber freuen, dass du einen Kunden hast? Wenn du einen Kunden angezogen hast, kannst du auch wieder zehn neue Kunden anziehen. Merkst du, dass dadurch ein ganz anderes Gefühl entsteht und somit eine andere Öffnung für zehn Kunden?

Lass es uns noch mehr verschärfen: Ich habe in einem Monat keinen neuen Kunden gewonnen. Was ist auch daran richtig, dass ich in diesem Monat keinen neuen Kunden habe? Was lerne ich gerade aus dieser Situation, dass ich keinen Kunden habe? Wenn ich aus dem Mangel agiere und nur denke, wie blöd es ist, keinen Kunden zu haben, und sage: «Ich muss jetzt dringend neue Kunden gewinnen», was ist das für eine Energie? Diese Reaktion löst ein schlechtes Gefühl in dir aus und schafft dadurch eine Energie von: «Irgendwas ist nicht richtig. Das ist schlecht.» Das meine ich, wenn ich darüber spreche, wie wir den Mangel

selbst erschaffen, obwohl die Fülle von Anfang an da ist. Denn deine Gedanken und damit deine Bewertungen kreieren erst den Mangel. Es fehlt vermeintlich etwas, um glücklich zu sein. Dabei machst du dich von Ergebnissen abhängig, und zwar in dieser Form: Ich habe zehn Kunden, dann fühle ich mich gut – ich habe einen oder keinen Kunden, dann fühle ich mich nicht gut. Diese Abhängigkeit fühlen auch deine potenziellen Kunden, sie fühlen, dass du auf sie angewiesen bist. Sie fühlen deine Energie und dass irgendetwas nicht stimmt. Du überträgst deine Energie auf dein Umfeld. Denn Energie geht nicht verloren. Aber du kannst Energie verwandeln, indem du das annimmst, was da ist, das fühlst, was da ist, und dann die Perspektive veränderst.

Das ist das, was ich meine, wenn ich von «Mangel-Energie» spreche. Du hast eine Situation im Fokus und willst sie bekämpfen, willst sie so nicht haben. Deine Bewertung der Situation verstärkt die Situation, die du nicht haben willst. Wenn du also immer wiederholst, dass du keine Kunden hast, sagt das Universum nur: «So sei es! Dein Wunsch ist mir Befehl.» Und das Ergebnis bleibt: Du hast keine neuen Kunden. Deine potenziellen Kunden spiegeln es dir, indem sie dir eine Absage erteilen, denn sie fühlen dich.

Stattdessen kannst du deinen Fokus darauf lenken, wie es ist, zehn neue Kunden im Monat zu gewinnen. Wer darfst du sein, um zehn Kunden zu gewinnen? Wer bist du mit zehn Kunden pro Monat, wie denkst du, wie handelst du? Was darfst du noch lernen, um stabil zehn neue Kunden im Monat zu haben? Wer bist du dann als Unternehmerin?

Es ist eine andere Energie und vor allem eine andere Sichtweise, die du einnimmst. Denn du wirst aktiv. Du weißt, du kannst das. Das ist übrigens eine wichtige Voraussetzung, dass du dir erst mal überhaupt vorstellen und glauben kannst, dass es möglich ist, zehn neue Kunden im Monat zu gewinnen.

Wenn du das glauben kannst, stell dir die Frage, ob du bereit bist, den Preis dafür zu bezahlen. Bist du wirklich bereit, die Person zu sein, die das macht, die so denkt, die so fühlt? Bist du wirklich bereit, alles dafür zu geben, das Leben zu leben?

Mein Tipp am Rande: Ich lerne von Menschen, die das Ziel bereits erreicht haben, das ich erreichen will. Denn von ihnen kann ich abgucken, wie so jemand denkt, wie er spricht, wie er sich verhält, was er macht. Dann kann ich es auf mich übertragen, zusammen mit meinen Vorstellungen darüber, wie ich sein will – und schon habe ich ein Bild von dem, was ich im Hier und Jetzt verändern darf, um die Anziehung für die zehn Kunden im Monat zu *sein*. Dabei meine ich nicht, dass du zu einer Kopie wirst, denn du bist natürlich als *du* am attraktivsten und schönsten. Trotzdem kann es dich inspirieren und dir helfen, Sichtweisen zu entdecken, auf die du selbst noch nicht gekommen bist.

Wie viel leichter wäre dein Leben, wenn du grundsätzlich wissen und fühlen könntest, dass alles im Außen *für dich* passiert? Es gab Wochen, in denen ich keinen neuen Kunden oder so ungewöhnlich wenige gewonnen habe, dass es unglaublich viel mit mir gemacht hat. Ich fing an, mich infrage zu stellen, und dachte, ich hätte alles verlernt, ich würde unter der Brücke landen usw. Eine meiner wichtigsten Erkenntnisse aus dieser «Phase» war: Ich bin *immer* wertvoll, unabhängig von den Ergebnissen im Außen. Ich durfte mir eingestehen, dass ich das genau so wollte, dass ich keine neuen Kunden gewonnen habe, und durfte lernen, einfach weiterzumachen und unabhängig von meinem Umsatz mich selbst anzuerkennen und lieb zu haben. Jeder hat natürlich in solchen Prozessen ein individuelles Learning für sich, aber vielleicht hilft dir diese Geschichte dabei, manches für dich klarer zu erkennen.

Eine meiner Lieblingsfragen, die ich mir fast täglich immer wieder stelle, ist: Wie wird es noch leichter? Ich stelle mir diese Frage in Bezug auf alles: Wie wird es noch leichter, mehr Kunden anzuziehen, wie wird es noch leichter, zur Veränderung meiner Kunden beizutragen, wie wird es leichter für meine Kunden, ihre Ziele zu erreichen, wie wird es leichter, noch mehr Menschen zu erreichen, wie wird es leichter, mehr Geld anzuziehen? Ich glaube, du hast eine Idee, was ich damit meine. Diese Frage kannst du dir immer stellen – auch dann, wenn es sich gerade schwer anfühlt, und zwar in Bezug auf alles, wo du dir mehr Leichtigkeit und Freude wünschst. Diese Fragen kannst du dir aber auch stellen, wenn es schon leicht ist, denn noch leichter und schöner geht es immer.

Aus der «Fülle-Energie» heraus ist es viel leichter, das gewünschte Ergebnis zu kreieren. Denk darüber nach, wo deine Kunden sind, wie du sie finden und ansprechen kannst. Fang an zu fantasieren, wie sie in dein Leben kommen, wie leicht es ist, mit ihnen in Kontakt zu treten. Deine Kunden sind schon da, sie suchen nach dir und du darfst dich ihnen zeigen. Das ist eine ganz andere Sichtweise und macht alles leichter. Fülle heißt auch Freude. Und Geld folgt der Freude. Kunden folgen Freude.

Fülle hat also nichts damit zu tun, dass du wartest, bis es dir gut geht. Sondern vielmehr damit, das loszulassen, was dich von der Fülle trennt – und das bist nur du bzw. sind deine Gedanken. Deine Gedanken führen zu Emotionen, deine Emotionen zu Handlungen. Deine Gedanken aber kannst du bewusst wählen. Es ist ein ganz anderer Ansatz, den wir so auch nicht in der Schule gelernt haben, denn unser Autopilot sucht erst mal nach dem Fehler und nicht nach dem, was gut ist. Das neue Denken darf trainiert werden, bis es deine neue Gewohnheit ist.

Du darfst lernen, das wertzuschätzen, was gerade da ist. Und dann triffst du eine klare Entscheidung, wie du es haben willst, z. B. zehn neue Kunden, jeden Monat, ganz leicht. Sie sehen mich und buchen einfach, ohne Gespräche, über meinen Shop. Das ist Klarheit.

Auf dem Weg zu diesen zehn Kunden, in der oben beschriebenen Form, gibt es unterschiedliche Stufen, wie z. B. ein Kunde oder ein Kunde nach einem Gespräch. Ein Kunde ist ein Schritt zu zehn Kunden. Ein persönliches Gespräch ist ein Schritt von keinem Gespräch zu Sofortbuchungen. Dann kommt der nächste Schritt, der nächste Kunde und der nächste. Auf diesem Weg gibt es sicher Herausforderungen, Themen, die sich im Außen zeigen. Diese Themen zeigen sich, weil du dir das Ziel «zehn Kunden» gesetzt hast und vielleicht heute noch nicht die Person bist, die zehn Kunden anzieht. Das Außen zeigt dir, wie du bis gestern gedacht und gehandelt hast. Das darfst du neu ausrichten. Wer darf ich sein und wie darf ich denken, um zehn Kunden anzuziehen? Bis gestern habe ich mein Leben gelebt, wie ich es gelebt habe, und das hat mir einen oder keinen Kunden gebracht. Was darf ich verändern?

Du veränderst also von innen nach außen. Zunächst muss klar sein, dass immer Fülle da ist und du nur durch deine Bewertung daraus einen Mangel machst. Fülle ist alles, was da ist, und du kannst in jedem Moment glücklich sein, unabhängig von dem, was im Außen ist. Es heißt aber auch, dass du, wenn du gerade traurig oder wütend bist, traurig und wütend sein kannst. Auch das ist perfekt. Wir sind Menschen und haben Gefühle, die gefühlt werden wollen. Die Situation im Außen ist immer nur ein Trigger (Aktivierung), der das, was ohnehin in dir ist, zum Ausdruck bringt. Die Frage ist, ob du die Verantwortung für deine Gefühle übernimmst oder weiterhin im Außen nach dem Schuldigen suchst, der dafür vermeintlich verantwortlich ist. Suchst du im Außen, wirst du immer vom Außen abhängig sein.

Du kennst es bestimmt, dass ein und dieselbe Situation von Menschen unterschiedlich wahrgenommen wird. Das, was 2020 und 2021 auf der Welt passierte, war in Sachen Business für die einen die reinste Katastrophe inklusive Geschäftspleite und für andere die Grundlage für Wachstum. Was hatte es mit der Situation zu tun? Nichts! Denn die Situation war für die meisten gleich gut oder gleich schlecht. Es sind immer die Bewertungen der Situation und darauffolgend die Handlungen. In jeder Krise, die sich auf der Welt ereignet hat, hat es immer Gewinner und Verlierer gegeben. 2020 hatte ich noch kein Online-Business und war mit Offline-Seminaren ausgebucht. Von einem auf den anderen Tag war ich arbeitslos, weil alle meine Seminare storniert wurden. Dabei dachte ich, es werde das beste Jahr meines Lebens, da ich noch nie bereits Anfang des Jahres ausgebucht gewesen war. Ich habe es so gefeiert. Und dann wurde mir der Boden unter den Füßen weggerissen. Bemerkung am Rande: Ich hatte schon 2019 darüber nachgedacht, online durchzustarten, der Impuls war längst da, aber ich habe mir noch eingeredet, dass es nicht so effektiv sei wie offline. Also wurde ich dazu mehr oder weniger gedrängt. Übrigens passiert es ganz oft, dass wir eigentlich wissen, was zu tun ist, es aber nicht tun und es dann im Außen durch «komische Umstände» für uns erledigt wird. Ein typisches Beispiel meiner Kunden: die plötzliche Kündigung. Eigentlich waren sie schon lange nicht mehr glücklich auf dieser Stelle, wollten sich längst selbstständig machen usw. Bevor sie selbst kündigten, manifestierten sie sich eine Kündigung.

Zurück zum Jahr 2020. Ich hätte, wie viele andere in der Trainer-branche, jammern und mich auf das Schlechte konzentrieren können. Stattdessen habe ich überlegt, was ich machen könnte. Natürlich habe ich mich aufgeregt, mich geärgert und geheult, war frustriert. Ich habe die Emotionen bewusst durchlebt und ge-merkt, dass sich die Situation dadurch nicht verändert. Es ging mir immer schlechter, weil ich immer nur über alle anderen ge-schimpft und die Verantwortung abgegeben habe. Vor allem habe ich gewartet, bis die Politiker oder jemand anderes im Außen eine Lösung bringen würde, aber das hat keiner getan. Also habe ich mich auf die Suche gemacht, um in mir selbst die Lösungen zu finden. Als Erstes habe ich alle Negativität aus meinem Leben verbannt, keine negativen Dinge mehr gehört, kein TV, kein Radio, und keine schlechten News mehr auf Social Media ge-lesen. Denn das hat das Schlechte in mir extrem verstärkt. Ich habe mich entschieden, mich nur noch auf das zu fokussieren, was ich haben will. Ich habe meinen Podcast gestartet und groß-artige Menschen dafür interviewt. Ich habe berühmte Trainer und Speaker eingeladen, die mir alle zugesagt haben, weil sie selbst Zeit und Kapazitäten gewonnen hatten. Ich schätze, das wäre nicht so leicht gewesen, wenn alle wie gewohnt in ihrem Alltags-stress gesteckt hätten. Durch die Situation, die da war, hatten alle Zeit – und ich habe die Gelegenheit genutzt. Ich habe mich ein-fach getraut. Mit diesem Podcast habe ich mein Online-Business gestartet und entschieden, die Menschen, die damals alle zu Hause waren, zu unterstützen und ein Mentoring-Programm ins Leben zu rufen. Ich habe einige kostenlose Formate kreiert, um Menschen zu helfen und den Fokus auf das zu richten, was wir ändern können. Und wir können immer alles in uns verändern. Niemand im Außen kann uns vorschreiben, wie wir uns fühlen sollen, auch wenn uns oft suggeriert wird, dass wir Angst haben müssen. Aber nein, du bist Herrin über deine Gedanken und deine Gefühle. Ich bin einfach Schritt für Schritt gegangen und habe nicht gewartet, bis mir wieder erlaubt wurde, Seminare zu geben. Ich habe nach neuen Lösungen gesucht und diese ge-funden. Es gibt Menschen, die es nicht gemacht haben. Jede scheinbar so schlimme Situation im Außen ist eine Chance für dich, etwas anders zu machen.

Für mich war das extrem wertvoll, weil ich mich zuvor nicht richtig getraut habe, mich von den Seminaren im sozialen Be-reich zu lösen. Ich wollte sie schon länger nicht mehr in dieser Form machen. Ich habe gefühlt, dass ich mehr mit Menschen zu-sammenarbeiten will, die selbst Ziele haben, sie verwirklichen, Verantwortung übernehmen und vor allem selbst in sich in-vestieren wollen. Es ist ein großer Unterschied, ob du selbst in

44

dich investierst oder dein Arbeitgeber die Seminare finanziert. Es ist ein anderes Commitment, das habe ich schon lange gespürt. Die Situation im Jahr 2020 hat mir daher geholfen bzw. mich ein Stück weit dazu gezwungen, etwas anderes auf die Beine zu stellen. Obwohl «gezwungen» es nicht wirklich trifft, denn ich hätte auch die Füße hochlegen und jammern können. «Geht nicht» gibt es jedoch bei mir nicht. Es gibt für mich immer eine Lösung. Ich habe die Entscheidung getroffen, dass ich Geld verdienen, wirken und nicht arbeitslos sein will. Das Nichtstun und das Warten, bis die gute Fee die Träume für mich erfüllt, funktionieren für mich nicht. Auch wenn es doch immer leichter sein darf.

Jetzt haben wir die Fülle genauer betrachtet. Ich hoffe, du hast erkennen können, dass alles immer da ist. Und dass du die Betrachtungsweise ändern darfst auf das, was da ist, um das in dein Leben zu ziehen, was du haben willst. Je mehr du deine Wahrnehmung schulst, deine Gedanken trainierst, desto leichter wird es dir fallen, das Gute zu sehen. Die Frage ist dann nur noch: Kannst du dir das nehmen, was da ist? Wie ist das so mit dem Empfangen? Ich habe in den letzten Jahren die Beobachtung gemacht, dass das Empfangen gar nicht so einfach ist. Auch wenn es zunächst so klingen mag. Denn unsere Glaubenssätze stehen uns dabei oft im Weg, um das zu empfangen, was wir haben möchten. Wie schon erwähnt, wir wollen ja nicht egoistisch sein.

Was hat das mit Empfangen zu tun? Vereinfacht gesagt: Die Situation ist da, aber was mache ich damit? Erlaube ich mir, das anzunehmen oder nicht?

Das fängt schon bei Komplimenten an. Was antwortest du, wenn dir jemand zu deinem Pullover ein Kompliment macht? Bedankst du dich einfach und freust dich oder sagst du vielleicht so etwas wie: «Ach, das alte Ding, das war ganz günstig.» Vielleicht hältst du die Aufmerksamkeit gar nicht aus und gibst sofort ein Gegenkompliment – womöglich sogar, obwohl du das nicht mal so meinst. Hauptsache, die Aufmerksamkeit ist weg von dir und deiner Schönheit. Ich weiß, wovon ich spreche. Ich habe das jahrelang praktiziert und war auch noch stolz auf mich. Denn Bescheidenheit ist ja eine Tugend. Ich habe es nicht hinterfragt, obwohl ich gefühlt habe, wie unwohl mir dabei war oder wie krampfhaft ich nach einem Kompliment gesucht habe.

Wie ist es, wenn du mit Freunden im Café sitzt und es darum geht, wer die Rechnung bezahlt? Wie gehst du damit um, wenn du eingeladen wirst? Sagst du einfach «Danke» oder «Oh nein, das musst du doch nicht» oder «Ich lade dich ein»? Wie ist es, wenn du weißt, dass du mehr Geld hast, und jemand dich einladen will? Kannst du es annehmen oder geht es dir dabei schlecht und du schämst dich? Oder übernimmst du aus Gewohnheit grundsätzlich die Rechnungen, um dich nicht schlecht zu fühlen? Ich habe das alles durchlebt, von: «Nein, ich zahle selbst» und «Ich lade dich ein» bis zu «Ich lade immer ein», weil ich ja so viel Geld habe und mich sonst schlecht fühle. Das alles waren Stufen, die ich in meinem Bewusstsein durchlebt habe. Jeder dieser Schritte war für mich wichtig. Denn am Ende geht es gar nicht darum, was du machst, sondern mit welcher Energie du es machst. Heute lasse ich mich sehr gern einladen und ich lade sehr gern ein, aber ich wähle auch manchmal, dass jeder für sich bezahlt. Alles ist okay, ich habe eine echte Wahl. Nichts davon mache ich aus dem Autopilot heraus.

Hinter diesen vermeintlich kleinen Alltagssituationen, die im ersten Moment nichts mit Business oder Geld zu tun haben, stecken so viele Paradigmen, die du auch im Business hast und oft gar nicht merkst. Denn wie du eine Sache machst, so machst du auch andere Sachen – nur merken wir den Zusammenhang oft nicht. Dafür sorgt unser Ego ganz gut.

Wenn du z. B. keine Komplimente annehmen kannst, wie siehst du dich in deinem Business? Kannst du deine Preise selbstbewusst abrufen, weil du weißt, deine Produkte sind es wert? Wenn du dich in solch einer Situation kleiner machst, machst du es auch in anderen Situationen. Wie schon gesagt: So wie du eine Sache machst, machst du vermutlich auch andere Sachen. Das bedeutet, dass du dich vermutlich auch in deinem Business kleiner machst. Wenn du immer selbst bezahlen willst, statt dich einladen zu lassen, kann auch der Glaubenssatz «Ich muss alles selbst machen" dahinterstecken. Lässt du dir denn helfen oder glaubst du, es sei nur was wert, wenn du dich angestrengt hast und es selbst geschafft hast? Wie oft glaubst du unterbewusst, es sei nicht so viel wert, wenn dir andere dabei geholfen haben und du sozusagen deinen Erfolg «teilen» musst? So ein Bullshit! Millionäre machen fast nichts mehr selbst. Ich hole mir ständig Hilfe, ich hole mir Menschen ins Boot, welche die Dinge besser machen als ich. Ich arbeite mit Experten zusammen und habe Zeit für das, was ich wirklich gut kann. Und das ist, Menschen zu coachen und erfolgreich zu machen, die Themen, die mich interessieren, tiefer zu durchdringen, Geld und die universellen Gesetze noch tiefer zu verstehen. Das macht mir so viel Spaß und das kann ich gut.

Ich könnte nicht mehr alles allein machen – aber das war ein langer Prozess für mich, die Kontrolle abzugeben und mich von bestimmten Dingen zu verabschieden. Auch ich wollte aufgrund besagter Glaubenssätze am liebsten alles allein machen, war überfordert und überarbeitet und habe mir eingeredet: Es macht mir ja so viel Spaß. Einerseits war es die Wahrheit, andererseits wollte ich es leichter haben. Es ist einfach nicht möglich, mit Leichtigkeit den Job zu machen, den zwei, drei oder zehn Menschen machen. Du verstehst, was ich meine, oder?

Ich habe von Millionären gelernt und beobachtet, dass sie gar nicht so viel selbst machen. An dieser Stelle gibt es sicherlich Unterschiede, denn ich weiß, es gibt auch überarbeitete reiche

Menschen, die ständig im Stressmodus sind. Das meine ich an dieser Stelle nicht. Ich spreche von den Millionären, die auch nach den universellen Gesetzen arbeiten. Da ist mein Mentor Bob Proctor ein großes Vorbild für mich gewesen. Auf jeden Fall hat auch dieses Thema viel mit Empfangen und Vertrauen zu tun. Ich lasse die Kontrolle los und weiß, dass alles so wird, wie ich es haben will. Ich empfange die Hilfe, ich nehme sie an. Du merkst schon, Empfangen ist ein aktiver Part. Ich sage «Ja» zu etwas und mache es. Auf diesem Weg gebe ich mehr und mehr ab und vertiefe mich zunehmend in meine Themen, um ein Expertentum aufzubauen. Ich vertraue darauf, dass es so wird, wie ich es haben will. Nun, wenn nicht, dann hat auch das etwas Gutes. Und ja, ich habe nicht nur einmal erlebt, dass ich mir etwas vorgestellt und abgegeben habe – und das wurde dann anders gemacht, als ich es mir gewünscht habe. Das gehört dazu, denn auch hier gilt wieder: Was ist daran wichtig? Was ist das Gute? Manchmal durfte ich lernen, klarer zu kommunizieren, wie ich etwas haben möchte, und manchmal durfte ich lernen, «Fehler» stehen zu lassen, damit die anderen eine wichtige Erkenntnis gewinnen. Es geht nicht immer um das Endergebnis. Manchmal ist die Erfahrung wichtig und wie wir uns in der Situation verhalten.

In jeder Situation gibt es etwas Gutes und aus jeder Situation kannst du etwas lernen. Ich habe immer gelernt und wusste so noch besser und präziser, was ich wollte. Somit konnte ich für die zukünftigen Projekte präzisere Anweisungen zu dem geben, was ich erwarte und wie ich es mir vorstelle. Wir wissen ja oft gar nicht, was wir haben wollen. Dann ist das Ergebnis da und wir wissen: So wollte ich es nicht. Wie schön ist das denn? Denn jetzt kannst du deinen Wunsch präzise benennen, was dir vorher nicht möglich war.

Hilfe gehört somit ganz klar zu den Dingen, die du dir erlauben darfst zu empfangen – denn es darf leicht sein. Hilfe abzulehnen, passiert meist unbewusst. Denn wer würde schon bewusst sagen: «Ich will keine Hilfe, ich will immer alles allein machen, denn ich will es so richtig schwer im Leben haben und mich so sehr anstrengen, dass ich spüre, wie wertvoll ich bin, auch wenn das einen enormen Einfluss auf meine Gesundheit hat, egal, Hauptsache allein»? Wenn du die Hilfe durch andere unterbewusst ablehnst, wirst du im Außen keine Chancen sehen, wie dir geholfen werden kann. Du wirst vielleicht sogar denken, keiner helfe dir, obwohl du es willst, denn alles in deinem System ist ausgerichtet auf: «Ich mache es allein». In dem Moment aber, wo dir das bewusst wird, triff eine Entscheidung und frag das liebe Universum nach Hilfe. Dein Fokus verändert sich, auf einmal siehst du Gelegenheiten, wo du dir Hilfe holen kannst. Als ich das entschieden habe, habe ich 2020 einen Post geschrieben und um Hilfe gebeten. Es haben sich einige gemeldet, die mir helfen wollten. Das war ein Gamechanger. Aber ja, ich habe natürlich dazu beigetragen. Ich habe die Entscheidung getroffen, mir helfen zu lassen, und dann habe ich die Frage in den Raum gestellt, wie die Hilfe zu mir kommen könnte. Mein Impuls sagte: Schreib einen Post.

Wenn deine Wahrnehmung nicht darauf gerichtet ist, Hilfe anzunehmen, kannst du es nicht mal dann sehen, wenn jemand vor dir steht und sie dir direkt anbietet. Sogar wenn dir dann jemand anderes sagt: «Schau mal, er hat doch gefragt, ob du Hilfe brauchst.» Dann wirst du eine Erklärung dafür haben, warum das für dich nicht richtig war. Komisch, aber so ist das. Manchmal ist unsere Wahrnehmung eben getrübt. Eine Freundin sagte vor Kurzem zu mir, dass sich bei mir ja immer alle melden würden, aber bei ihr nicht. Mich würden alle mögen, aber sie nicht. Und dann habe ich sie daran erinnert, wer sich immer bei ihr meldet, welche Männer sie attraktiv finden, wer sie so gern mag und schätzt, aber sie konnte es einfach nicht sehen. «Das ist Zufall», meinte sie nur und ignorierte es völlig.

Das ist noch ein anderes Thema, denn wenn du dich selbst nicht magst, wirst du nicht die Menschen um dich herum sehen, die dich mögen. Ich liebe mich und die Menschen lieben mich. Aber auch das ist nur die halbe Wahrheit, denn es gibt sicherlich auch Menschen, die mich nicht mögen, doch auf die fokussiere ich mich nicht. Ich entscheide über meine Lebenszeit, mit wem ich sie verbringe und womit ich mich beschäftige. So nach dem Motto: Ich mache mir mein Leben, wie es mir gefällt. Und um auf das Beispiel zurückzukommen: Wenn du dich nicht magst, ständig an dir etwas zu kritisieren hast, wenn deine Wahrnehmung nicht auf das Positive ausgerichtet ist, dann wirst du auch in einer Menschenmenge, in der dich alle lieben und nur eine Person dich nicht mag, genau diese eine Person sehen, die dich nicht mag, und denken: Na super, alle hassen mich. Wenn du aber mit dir voll im Reinen bist, dich gern hast, wirst du in der Menschenmenge diesen einen Menschen finden, der dich liebt, und dich darüber freuen. Die anderen nimmst du irgendwie wahr, wirst vielleicht so etwas denken wie: Die haben heute vielleicht einen schlechten Tag. Und das kannst du auf alle deine Bereiche übertragen. Als ich mein Business gestartet habe, habe ich mir immer und immer wieder gesagt: Ich bin ein Kundenmagnet, ich bin ein Geldmagnet. Ich habe die Entscheidung getroffen, dass es mein Normalzustand ist, viel Geld zu haben, dass mein Geld immer mehr wird, dass ich immer mehr Kunden anziehe. Denn Fülle ist ja da, das Geld ist schon da, die Kunden sind schon da – und jetzt dürfen sie noch den Weg zu mir finden. Bei mir fühlt sich Geld pudelwohl, denn es hat so viele Freiräume. Es kommt und es geht. Es geht und bringt neue Freunde mit. Es hat ein schönes Zuhause, also eine schöne Geldbörse, und es wird geschätzt. Wenn du so behandelt wirst, kommst du doch auch sehr gern, oder?

Fragen, die du dir regelmäßig stellen darfst:
Wie wird es noch leichter?
Was würde mir noch mehr Freude bescheren?

FEIERN

Das Leben und mich selbst zu feiern, das ist eine meiner Grundhaltungen und außerdem einer der wichtigsten Schritte bei der Manifestation. An welcher Stelle er beim Manifestieren kommt, kannst du im Kapitel «Manifestation» lesen.

Es gibt jeden Tag so unendlich viele Anlässe, zu feiern. Meist erlauben wir es uns nicht, sondern gehen dazu in Widerstand. Dein System meint, es müsse etwas viel Größeres sein oder erleben, damit ihm erlaubt ist zu feiern. Und genau dann solltest du die Situation oder dich selbst erst recht feiern. Du glaubst, du müsstest erst etwas leisten, um einen Anlass zum Feiern zu haben? Nein, verdammt, du musst nichts geleistet haben! Was wäre, wenn deine Leistung darin bestehen würde, zu sein, Spaß zu haben und damit auf andere zu wirken? Weil ich Freude in meinem Leben verspüre, wirke ich auf andere und ziehe sie an. Ich lasse sie an meiner Freude teilhaben, inspiriere sie, selbst Spaß zu haben, und ihr Spaß ist dann wieder meine Freude. Ein unendlicher, freudvoller Kreislauf, bei dem es jeden Tag einen Grund zum Feiern gibt. Wenn dich der Begriff «feiern» irritiert, kannst du auch sagen, dass du dankbar für etwas bist. Freude und Dankbarkeit liegen nah beieinander. Feiern ist nichts anderes, als sich selbst Anerkennung zu schenken. Du wartest nicht auf eine Anerkennung im Außen, sondern erkennst dich selbst und das Leben an.

Ich feiere gerade, dass ich früh wach geworden bin und schon vor dem Frühstück an diesem Buch arbeite. Ich feiere den Sonnenaufgang, weil ich diese Schönheit sehen kann und nicht als selbstverständlich annehme. Was passiert, wenn du anerkannt wirst? Du blühst auf. Wenn das Leben anerkannt wird, blüht es auch auf. Feiern und Dankbarkeit zahlen immer auf unser Energie- und Freudekonto ein. Ein bekannter Spruch dazu heißt: «Du kannst leben, als sei alles ein Wunder oder als sei nichts ein Wunder.» Ich habe entschieden, so zu leben, als sei alles ein Wunder. Das unterscheidet mich von vielen anderen, denn ich renne durch mein Leben und denke bei allem: «Oh, toll!» Vom Sonnenaufgang über ein Glas Wasser bis hin zur warmen Dusche und dem gemütlichen Bett am Abend – alles ist für mich ein Anlass zur Freude. Das habe ich auch erst üben müssen.

Meine Kunden bekommen immer wieder die Aufgabe, ihren Fokus darauf zu lenken, wofür sie sich feiern. Es klingt so einfach und doch haben die meisten damit ein echtes Thema. Man will ja nicht übertreiben, sich so in den Mittelpunkt stellen – und überhaupt: Was ist es wert, gefeiert zu werden, und was nicht? Da kommen die interessantesten Glaubenssätze hoch. Ich kann dir sagen, diese eine Aufgabe, sich selbst zu feiern und das mit anderen zu teilen, bewirkt Wunder. Vor allem schickst du an das Universum die Botschaft: «Mag ich, bitte mehr davon!» Deswegen ist das Üben von Dankbarkeit einer der wichtigsten Schritte bei der Manifestation. Denn wenn du nicht wertschätzt, was du bekommen hast, also was du dir manifestiert hast, wird dir auch das genommen. Klingt hart, aber genau so habe ich es schon oft erlebt. Alles ist eine Frequenz – und wenn du das, was da ist, als selbstverständlich siehst, oder, noch schlimmer, überhaupt nicht wertschätzt, es vielleicht sogar kleiner machst, als es ist, dann bekommst du mehr Situationen im Leben geschenkt, die genau dieses Gefühl in dir hervorrufen. Alles, was du verstärkst, wird mehr. Du hast die Wahl, wohin du deinen Fokus lenkst.

Auch ich habe es von meinen Coaches gehört, dass ich alles anerkennen und die Wunder entdecken soll. Ich war, genau wie du vielleicht jetzt, erst mal irritiert und dachte: «Hä?» Aber dann habe ich beschlossen, es einfach zu tun. Am Anfang habe ich es über den Verstand gemacht und gedacht: «Okay, ich freue mich jetzt.» Ich habe es aber noch nicht richtig gefühlt. Du kennst das Gefühl von echter Freude und merkst am Anfang den Unterschied. Irgendwann gelingt es dir, dich wirklich über alles Mögliche zu freuen. Dann kannst du jede Kleinigkeit, die dir begegnet, wahrhaftig feiern.

Vielleicht kennst du den Satz: «Fake it until you make it.» Ich weiß, was damit gemeint ist, mag ihn jedoch trotzdem nicht, denn mir gefällt in dem Zusammenhang das Wort «fake» nicht. Es hat für mich keine schöne Energie. Ich finde es passender, zu sagen: «Feel it until you get it.» Je mehr ich mich in das Gefühl begebe, verstärke ich es auch. Dadurch bekomme ich mehr von dem, was ich haben will.

Schau dich jetzt an der Stelle um, an der du gerade dieses Buch liest. Was gibt es hier zu feiern? Wofür feierst du dich selbst gerade? Dass du dir Zeit nimmst, dieses Buch zu lesen, ist auch ein Grund zum Feiern. Ich jedenfalls feiere dich dafür und bin so dankbar, dass ich einen kleinen Teil dazu beitragen kann, dein Leben etwas schöner und bunter zu machen.

DANKBARKEIT

Mich selbst feiern und dankbar sein ist ein wichtiges Puzzleteil meines Lebens. Dabei geht Dankbarkeit über das Feiern hinaus und ist mehr als nur ein Gefühl.

Meist hören wir Sätze wie: «Sei doch mal zufrieden mit dem, was du hast – du hast doch schon genug.» Dann erlauben wir uns selbst nicht, mehr zu wollen. Große Ziele zu haben und mehr erreichen zu wollen, ist uns selbst oftmals suspekt. Meist kommen uns diese Gedanken, wenn wir dabei sind, uns auszudehnen, und die nächste Entwicklungsstufe beginnt – wenn du beispielsweise zum ersten Mal 10.000 Euro für ein Produkt aufrufst und es tatsächlich jemand bezahlt. Mehr haben zu wollen, hat nichts mit Unzufriedenheit zu tun, sondern damit, uns neue Erfahrungen zu erlauben und zu fühlen, wozu wir imstande sind.

Wenn du mehr erreichen willst, ist es wichtig, wertschätzend anzuerkennen, was du bisher erreicht hast. Du bist dankbar für das, was da ist, und erlaubst dir gleichzeitig, mehr zu wollen. Fortschritt statt Stillstand. Ich will immer mehr erreichen, weil es mir Kraft gibt und mich motiviert. Ich probiere aus, was möglich ist. Eine Million erreicht? Wow, das hat geklappt. Jetzt 20 Millionen, bin schon gespannt, wie diese den Weg zu mir finden. Wow, jetzt habe ich das auch noch geschrieben, im nächsten Buch dazu mehr. Während ich das schreibe, kribbelt es überall, denn auch das ist ein Schritt, um einfach so nach außen zu kommunizieren. Das ist sogar ein ganz wichtiger Schritt, den ich immer wieder gegangen bin. Ich habe es bestimmt, ich habe es entschieden und ich habe es meist mit meinen Kunden oder mit meinen Coaches geteilt. Jedes Mal habe ich gemerkt, wie mich das kribbelig macht, denn jetzt habe ich mich öffentlich dazu bekannt. Wenn ich mich erst dazu bekannt habe, gibt es keinen Weg mehr daran vorbei, dass es auch Wirklichkeit wird. Ich weiß inzwischen, dass meine Worte sehr stark sind und ich mich auf mich verlassen kann. Es ist nicht einfach nur dahingesagt. Das ist sehr wichtig. Und das bedeutet, dass ich so lange dranbleibe, bis es da ist. Denn ich kann gar nicht scheitern. Du kannst nie scheitern, es sei denn, du hörst auf. Dieser Satz ist Millionen wert, den solltest du tief verinnerlichen. Egal welche Steine du in den Weg gelegt bekommst, egal wie sehr du auch mal zweifelst, egal wie schwer es sich anfühlt, alles ist ein Teil für den nächsten Schritt. Du machst einfach weiter. Manchmal bedarf es einer Kurskorrektur, aber hör niemals auf, für deine Träume zu kämpfen.

Zurück zur Dankbarkeit. Dankbarkeit ist keine Übung, die du abarbeitest. Es geht um ein Gefühl und eine Haltung. Es gibt Menschen, die schreiben morgens in ihr Dankbarkeitstagebuch und verurteilen ihr Umfeld den Rest des Tages oder jammern herum. Für mich ist Dankbarkeit eine Lebenseinstellung. Ich frage mich in jedem Moment, wofür ich dankbar sein kann. Jeder

Moment in der Gegenwart macht mich dankbar, weil ich weiß, dass ich ihn kreiert habe und es das Beste ist, was mir passieren kann. Jeder Moment ist perfekt. Das hat nichts damit zu tun, ob ich mich in diesem Moment gerade wohlfühle oder nicht. Es kann sogar sein, dass ich in einer Situation bin, die mich gerade sehr herausfordert und mir deshalb unangenehm ist, beispielsweise wenn ein Kunde absagt oder seine Rechnung nicht bezahlt. Egal was es ist, das sich für mich in dem Moment unangenehm anfühlt, ich nehme es an und weiß, es ist genau das Richtige, das gerade für mich passieren kann. Ich bin dankbar, dass ich genau diese Situation gerade erleben darf. Irgendetwas darf ich gerade lernen. Für irgendetwas ist es gut, was ich im Moment noch nicht sehen kann. Es reicht jedoch das tiefe Wissen darüber, dass es für irgendetwas gut ist, weil du dir niemals etwas kreieren würdest, was dir nicht dient. Und auch Situationen, die sich erstmalig unangenehm anfühlen, dienen uns, weil wir uns dadurch «gezwungen» fühlen, bestimmte Dinge zu tun, die wir sonst nicht tun würden. Wie damals, als wir kurz vor der Insolvenz standen und ich deswegen meine Stelle gekündigt habe. Ich musste nicht lange überlegen, es war klar, was zu tun ist. Hier am Rande: Ich habe davor auch schon überlegt, mich selbstständig zu machen, mich aber nicht getraut. Ich hatte ja eine tolle Stelle. Die Situation im Außen war natürlich auch von mir bestellt.

Du kannst für alles in deinem Leben dankbar sein, für Dinge, Menschen, Situationen, deinen Umsatz, deine Gesundheit, Essen, Wasser ... Es gibt hier unendliche Möglichkeiten. Du kannst sagen, dass du dankbar bist, und immer mehr ein Gefühl dafür entwickeln, es wirklich zu empfinden. Das braucht durchaus Training. Wir haben nicht gelernt, Dankbarkeit zu empfinden. Auch ich habe angefangen, indem ich die Dinge, für die ich dankbar war, aufgeschrieben oder ausgesprochen habe, ohne die Dankbarkeit in der Tiefe zu fühlen. Ich hatte lange Zeit keine Referenz für dieses Gefühl und habe es trotzdem gemacht. Was mir sehr geholfen hat, war die Erweiterung meiner Dankbarkeitssätze um die Formulierung «weil». Ich habe begonnen mit: «Ich bin glücklich und dankbar für ...» und dann ergänzt: «weil ...» Ich ließ mir Gründe und Dinge einfallen, die meine Dankbarkeit detailliert beschrieben. Bis heute mache ich es so und finde immer so viele Gründe wie möglich für meine Dankbarkeit. Jetzt gerade in diesem Moment bin ich dankbar dafür, auf diesem bequemen Liegestuhl zu liegen und den Inhalt meines Buches weiterzugeben, weil ich weiß, dass viele Menschen dieses Buch lesen werden, weil ich Menschen dadurch inspiriere, weil ich ihnen helfe, das Gefühl der Dankbarkeit in sich zu entwickeln, weil ich helfe, das Gefühl der Fülle mehr und mehr in die Welt zu tragen, weil wir alle umso mehr Fülle erleben, je weiter das Gefühl der Fülle verbreitet ist, denn wir sind alle miteinander verbunden. Weißt du, was ich meine? Kannst du es fühlen, dass das

Gefühl der Dankbarkeit damit mehr und mehr ausgedehnt wird? Du verknüpfst das Gefühl der Dankbarkeit mit einer Begründung, warum du dankbar bist, und bist damit in der Lage, Dankbarkeit wirklich zu fühlen. Auch das bleibt am Anfang noch sehr im Kopf, aber je mehr du es dir erlaubst, umso besser gelingt es dir. Ich war auch dankbar für mein damaliges Auto und habe es begründet: «Ich bin dankbar für mein Auto, weil ich damit jeden Tag schnell zur Arbeit komme, weil es mich am Wochenende in die Sauna fährt, weil es so zuverlässig fährt und so gut in der Kurve liegt, weil die Sitze so bequem sind und ich so viel Platz darin habe ...» In dem Moment, in dem du so detailliert über deine Dankbarkeit sprichst, entwickelt sich auch das Gefühl dazu. Mit jedem Detail wird es intensiver. Mein Auto fährt mich in die Sauna. Wie fühle ich mich in der Sauna? Mit jeder Begründung, die du nennen kannst, wird das Gefühl der Dankbarkeit tiefer. Noch ein Beispiel: «Ich bin dankbar für meinen Mann, weil er mir zuhört, weil er für mich kocht, weil er Dinge erledigt, um die ich mich nicht kümmern will, weil er für mich da ist, weil ich mich bei ihm geborgen fühle, weil wir gemeinsam so viele schöne Dinge erleben, weil er so gut aussieht und ich es liebe, in seine Augen zu schauen, weil ich mich sicher fühle, weil wir gemeinsame große Ziele haben, weil wir gemeinsam wachsen, weil wir so gut miteinander wachsen, weil wir gelernt haben, so gut zu streiten, ohne zu streiten.» Ich könnte ewig weiterschreiben. Mit jedem «weil» kommen neue Impulse und Ideen hoch, warum ich noch für ihn dankbar bin. Es geht bei diesen Sätzen nicht darum, sie grammatikalisch einwandfrei aufzuschreiben, sondern das Gefühl dahinter zu transportieren und die Dankbarkeit immer mehr zu erspüren. Du kannst jeden Tag für die gleichen Sachen dankbar sein und wirst feststellen, dass du sie täglich anders empfindest. Du findest immer mehr Begründungen dafür, weil du dich unterschiedlich fühlst. Allein zum Thema Gesundheit gibt es so viele Aspekte und Begründungen, die uns dankbar sein lassen können. Je mehr du dir diese vielen Begründungen erlaubst, umso mächtiger wird das Gefühl der Dankbarkeit.

Da es so wichtig ist, schau dich jetzt um und sprich aus, wofür du genau in diesem Moment dankbar bist. Ich gebe dir keine Tipps, wofür du dankbar sein kannst, denn es soll aus dir heraus kommen. Es ist deine Dankbarkeit und es sind deine Begründungen. Also, leg das Buch zur Seite und finde Dinge, für die du dankbar bist. Schreibe dann fünf bis zehn Begründungen auf, warum du dankbar dafür bist, damit du das tiefe Gefühl dahinter spürst. Wenn dir gerade keine Begründung einfällt, dann ist das so. Bewerte oder verurteile dich nicht dafür. Überlege, was wäre, wenn du diese eine Sache nicht hättest. Was würde dir fehlen? Vielleicht hilft dir das weiter. Erlaube dir, alles, was dir in den Sinn kommt, aufzuschreiben. Nichts ist zu groß, zu klein, zu dumm, zu lächerlich. Wenn es dir in den Sinn kommt, dann ist es richtig, auch wenn es scheinbar banal ist. Es ist nur deine Bewertung, dein Verstand, der etwas groß oder klein macht. Das Universum kennt keine Kleinigkeiten. Es kennt nur Erschaffen und Energie, die in Materie verwandelt wird. Deshalb ist jede Kreation oder Manifestation ein Wunder. Etwas, das du mit deinen Gedanken und deiner Energie erschaffen hast.

Es ist wichtig, dankbar zu sein für das, was du hast. Bist du es nicht, wirst du es verlieren. Du darfst nicht denken, dass alles selbstverständlich ist. Sei dankbar für dich selbst und erkenne dich selbst an. Deine jetzige Situation ist das Ergebnis deiner Manifestation in der Vergangenheit, deshalb sei dankbar dafür. Auch wenn du gerade in einer Lage bist, die dich herausfordert, hast du sie genau so manifestiert, vielleicht unbewusst, aber sie ist für dich da. Die Kunst ist, dir ab heute eine neue Situation zu manifestieren und dich auf das auszurichten, was du haben willst.

Du kannst heute schon dankbar sein für etwas, das du haben willst. Etwas, das noch nicht in deinem Leben ist, das du aber gern hättest. Du verhältst dich so, als sei es schon da, und bist dankbar, dass es schon eingetroffen ist. Dein Verstand wird zunächst rebellieren und dich fragen, wieso du dankbar sein solltest. «Die Millionen sind noch nicht auf deinem Konto, also wovon sprechen wir hier?» Tatsache ist, dass es dieses Geld schon im Universum gibt und es nur noch einen Weg zu dir finden darf. In dem Moment, in dem du es dir vorstellst und glauben kannst, ist es schon da. Das Geld ist noch nicht auf deinem Konto, aber es ist schon da. Wenn du deine Gedanken auf das Geld fokussierst und dankbar dafür bist, ist es schon im Universum vorhanden. Dein Gehirn kann nicht unterscheiden, ob du dich über etwas real Existierendes freust oder etwas, das sich dein Verstand ausdenkt. Das ist auch bei Angst so. Wenn du vor etwas Angst hast, das nicht da ist, sendet dein Körper trotzdem die Signale aus, als sei die Gefahr existent. Nutze dieses Prinzip für dein Glück. Stell dir vor, dass du jetzt schon etwas besitzt, das dich glücklich macht, und fühle jetzt schon die Dankbarkeit dafür. Bei Glück kannst du das Gefühl verstärken, wenn du dir Bilder zu Hilfe nimmst. Dazu steht im Kapitel «Manifestation» mehr.

Auch hier hilft es, das Gefühl mit Begründungen zu verstärken. Viele Menschen wollen mehr Geld haben. Warum wollen sie das? Geld allein ist erst mal nur eine Zahl auf deinem Konto, die keine Energie hat. Es ändert nichts. Aber wenn du schreibst, dass du für eine Million auf deinem Konto glücklich und dankbar bist, weil du genau das Leben führen kannst, das du möchtest, weil du dir einen Porsche leisten kannst, weil du eine Haushälterin bezahlst, die für dich kocht und wäscht, weil du deinen Kindern alle Wünsche erfüllen kannst, weil du Urlaub machen kannst, wo und wann immer du willst, weil du dir dein Traumhaus bauen kannst, weil … was immer dir in den Sinn kommt – wenn du es jetzt schon fühlst, dann werden neue Impulse kommen, die dazu führen, dass du einen Weg dahin findest. Manifestation hilft dir dabei, deshalb überschneiden sich diese Kapitel inhaltlich. Manche Informationen kann ich einfach nicht oft genug wiederholen, weil sie so wichtig sind.

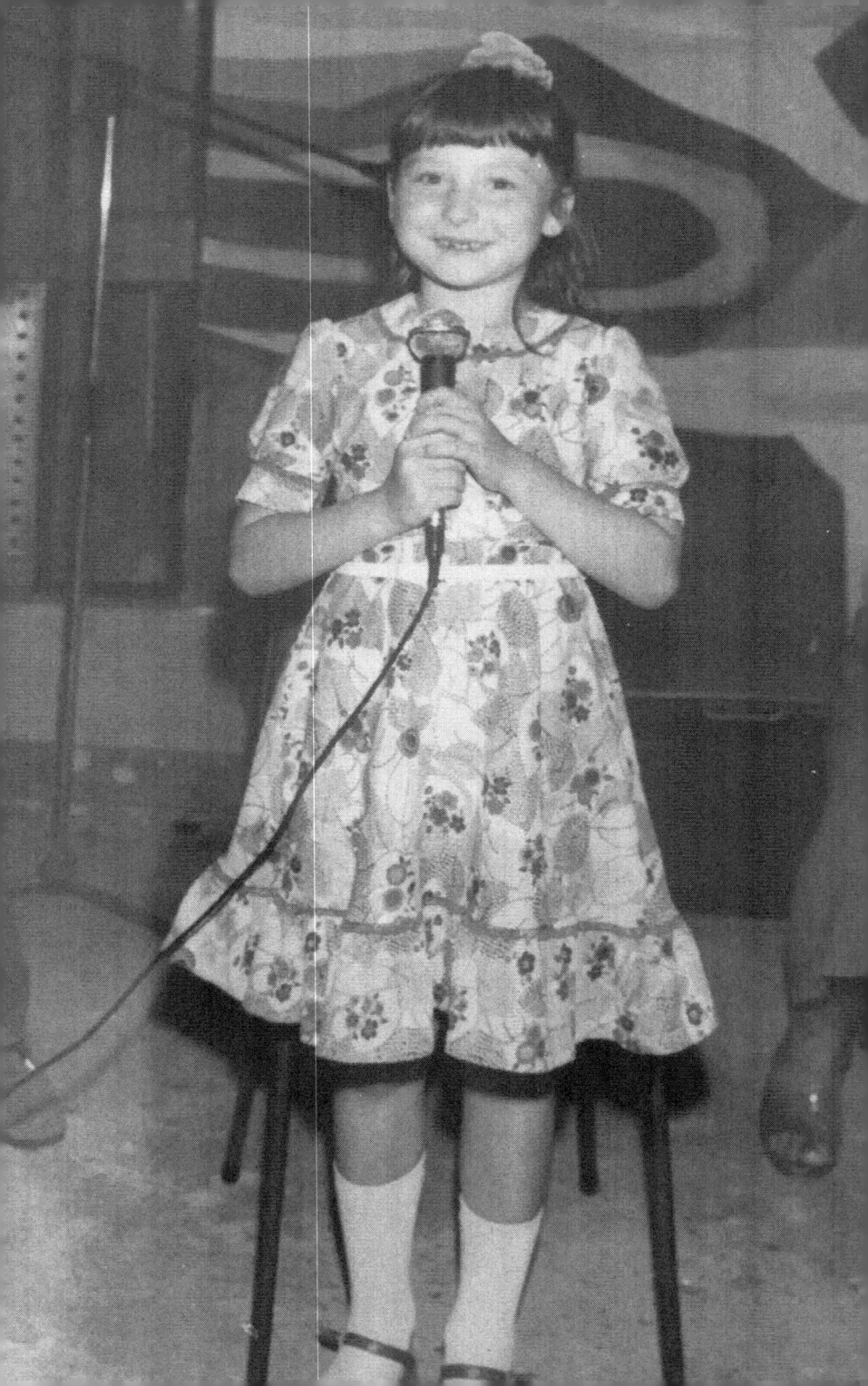

KOPF

DIE GESCHICHTE, DIE MEIN LEBEN VERÄNDERT HAT

Als Schülerin war ich immer eine von denen, die nie viel lernen mussten und trotzdem immer gute Noten hatten. In allen Fächern bis auf eines: Erdkunde. Geografie hieß es damals. Nur in diesem Fach hatte ich Noten, die zwischen Drei und Vier lagen – in allen anderen Fächern stand ich bei Eins. Irgendwann habe ich entschieden, auch hier gute Noten zu erzielen. Meine Beziehung zur Geografielehrerin, die gleichzeitig auch meine Klassenlehrerin war, war nicht so gut. Ich wusste nicht, woran das lag. Viel später habe ich erfahren, dass an einem Elternabend Geld für ein Geschenk für sie eingesammelt worden war. Dabei war mein Vater aufgestanden und hatte gesagt, dass er nicht für die Noten seiner Tochter bezahlen müsse. Seitdem konnte ich mich bemühen, wie ich wollte, und kam trotzdem nicht auf eine bessere Note als Drei. Irgendwann stand die nächste Klassenarbeit an. Ich nahm mir vor, ein besseres Ergebnis zu erzielen, und lernte alles bis ins kleinste Detail, tagelang. Das war für mich eher unüblich und auch anstrengend, aber ich wollte unbedingt mein Ziel erreichen. Ich erinnere mich noch, dass es ein schöner Sommertag war, als ich die Arbeit zurückbekam. Es war eine Eins minus – ich war so glücklich und habe mich so sehr gefreut. Heute nenne ich es: Ich habe mich gefeiert. Sehr schnell kam mir der Gedanke, das meinem Vater zu erzählen. Ich stellte mir vor, wie er sich mit mir darüber freute und stolz auf mich war. Meine Freude über die Note war schon groß, aber der Gedanke, meinem Papa mit dieser Note zu gefallen und eine besondere Anerkennung von ihm zu bekommen, machte die Freude noch größer. Ich ging an diesem wunderschönen Sommertag nach Hause, zog vergnügt meinen Ranzen hinter mir her, freute mich auf dem ganzen Weg darauf, meinem Vater von meinem Erfolg zu erzählen, kam zu Hause an und stellte fest: Es war niemand da. Ich setzte mich mit meinem Arbeitsheft in mein Zimmer und wartete, bis endlich jemand zurückkam. Ständig dachte ich: «Wann kommt Papa?» In dem Moment, in dem die Haustür aufging, packte ich mein Heft, sprang vom Bett und rannte auf meinen Vater zu. «Papa, Papa!», rief ich ganz freudig. «Schau mal!» Ich gab ihm mein Heft, er schaute hinein und sagte erst mal gar nichts. Die wenigen Sekunden, bis er etwas sagte, dauerten für mich gefühlt Stunden. Ich hatte erwartet, dass er sich mit mir freuen, mich in den Arm nehmen und mit mir feiern würde, aber er blieb stumm. Er sah mich an und fragte dann kühl: «Warum nicht eine glatte Eins?» In dem Moment spürte ich, dass meine kleine Welt zusammenbrach. Die Tränen schossen mir in die Augen und ich empfand einen so großen Schmerz. Durch den Nebel meiner Trauer hörte ich meinen Vater noch danach fragen, wer aus meiner Klasse in dieser Arbeit eine Eins geschrieben habe. Und dann, ganz zum Schluss, sagte er: «Gut gemacht.» Dieses Lob habe ich jedoch nicht mehr richtig wahrgenommen. Das war auf einmal nicht mehr wichtig.

Ich habe in dem Moment entschieden, dass ich mich nicht mehr so anstrengen will. Ich hatte mich so sehr angestrengt, um Anerkennung zu erhalten, aber sie blieb aus. Seitdem habe ich immer nur auf den letzten Drücker gelernt. Wenn ich mich anstrenge und für ein gutes Ergebnis keine Anerkennung bekomme, dann schmerzt das sehr. Wenn ich mich für das gleiche Ergebnis weniger anstrenge, empfinde ich es als weniger schlimm, nicht anerkannt zu werden. Ich war ja immer gut, wenn auch nicht sehr gut. Es war stets leicht für mich, etwas zu erreichen. Ich beschloss, es mir ab sofort nur noch leicht zu machen. Gleichzeitig verurteilte ich mich dafür.

Es war nicht so, dass mein Vater meine Noten grundsätzlich nicht anerkannt, sondern nur mir gegenüber nichts Lobendes gesagt hat. Er hat im Familien- und Freundeskreis immer stolz berichtet, wie gut seine Tochter in der Schule sei. Allen hat er es erzählt – außer mir.

Die Geschichte hinter der Geschichte ist, dass ich mich immer mit anderen verglichen habe. Ich war gut, aber andere waren besser. Ich machte mich klein und fühlte mich nicht gut genug. Dieses

Vergleichen hat es mir unmöglich gemacht, mich selbst anzuerkennen. Ich traf quasi die Entscheidung, dass ich nie gut genug sei, und habe mich nur an denen orientiert, die besser waren als ich. Ich habe mich nie anerkannt für das, was ich geschafft habe, weil ich immer gesehen habe, dass es jemand anderes besser gemacht hat als ich.

Jetzt könnte ich sagen: «Ach, der blöde Vater, nie hat er mich anerkannt.» Heute weiß ich, dass es ein Teil dessen ist, was mich ausmacht. Ich lerne immer von Besseren. Ich bin nie in einem Raum, in dem ich die Beste bin, denn da gibt es für mich nichts zu lernen. Ich liebe es, zu lernen. Alles ist eine Projektion. Dadurch, dass ich jahrelang dachte, dass ich nicht gut genug sei, habe ich mir Situationen geschaffen, in denen ich immer schlechter war als andere, wobei ich nicht sehen konnte, was mich als Mensch ausmacht.

Heute weiß ich, das Beste gibt es nicht – auch das ist nur ein Konstrukt. Es war damals mein Normalzustand, dass ich mich in Räumen bewegte, in denen ich fühlte, dass ich nicht gut genug sei. Diesen Gedanken zu haben, ist die eine Seite, die andere ist, dass diese Situation mich auch immer angetrieben hat, besser zu werden. Sobald ich besser wurde, habe ich den Raum verlassen. Ich habe mich in neue Räume begeben, in denen ich wieder schlechter war und andere mir den Weg gezeigt haben. Mein Unterbewusstsein hat mich immer wieder erleben lassen, nicht gut genug zu sein. Abgesehen davon, dass Vergleichen schlecht

ist, gibt es immer Menschen, die besser oder schlechter sind als ich. Heute kann ich mich so anerkennen, wie ich bin und wirke. Dennoch gibt es immer noch einen kleinen Anteil in mir, der auf Menschen guckt, die besser sind als ich. Mein Blickwinkel hat sich dabei verändert. Heute sehe ich es als Inspiration für Dinge, die ich noch lernen kann, oder als Möglichkeit, mich noch mehr zu entwickeln. Dabei entdecke ich eine Spieler-Seele in mir, die sich fragt: Kann ich das auch? Das Leben ist ein Spiel. Die Frage ist: Was inspiriert dich, und welche Programmierungen hast du bzw. was wählst du daraus? Ich hätte wählen können, mich in ein dunkles Kämmerchen zurückzuziehen und von mir zu denken, dass ich nicht gut genug sei. Ich hätte es als meine normale Realität akzeptieren können. Ich mache es stattdessen so: Ich nehme wahr, dass es jemanden gibt, der etwas besser kann als ich, und das will ich von dieser Person lernen. Ich gehe durch den Schmerz durch, nicht gut genug zu sein. Ich fühle mich nicht gut genug, aber ich belasse es nicht dabei. Ich habe entschieden, dass ich es lernen will: «Ich will auch – wie ist es möglich?» Das Spannende ist, dass auch das nur ein kleiner Teil der Wahrheit ist, denn es gibt noch so viele Menschen, die so viel besser sind in so vielen anderen Bereichen, in denen ich überhaupt keine Motivation habe, es zu lernen. Zum Beispiel gibt es Menschen, die sehr schön Klavier spielen. Ich liebe es, ihnen dabei zuzuhören, will es aber nicht lernen. Es gibt Sterneköche, die wundervoll kochen, und ich liebe gutes Essen, möchte aber nicht lernen, so gut zu kochen. In dem Bereich dachte ich noch nie: «Oh, ich bin nicht gut genug, ich kann nicht so gut kochen, ich will das auch.» Verstehst du? Alles ist eine Projektion und für *dich*. Ich habe mir diese Situationen erschaffen, um mich darüber zu erfahren und dadurch zu lernen.

Während ich dies schreibe, fällt mir ein, dass ich schon als Kind immer ältere Freunde hatte, die mehr wussten. Als ich acht Jahre alt war, war ich in den Ferien in einem Ferienlager. Dort waren 12-jährige Mädchen in einer Clique und hatten gemeinsam ein Dreierzimmer. Ansonsten waren alle in Achterzimmern untergebracht. Und diese Mädchen hatten entschieden, dass ich zu ihnen ins Zimmer kommen sollte. Ich wirkte damals aufgrund meiner Körpergröße älter. Ich war also wieder in einem Raum mit Menschen, die weiter waren als ich, die mehr Lebenserfahrung hatten, und ich habe es so sehr genossen. Da dachte ich auch nicht, dass ich nicht gut genug sei, weil ich noch nicht so alt war wie die Mädels.

Heute weiß ich, dass niemand der oder die Beste ist. Das kann ich nicht oft genug betonen. Es gibt Menschen, die andere Erfahrungen gemacht haben als ich. Dadurch bin ich aber nicht besser oder schlechter. Damals habe ich durch die fehlende Anerkennung meines Vaters gedacht, dass ich auch als Mensch nicht gut genug sei. Ich habe meine Note in Geografie auf mich als Mensch übertragen und gedacht, ich sei nicht gut genug und nichts wert. Ich dachte, Papa wäre nicht stolz auf mich, ich hätte ihn enttäuscht und er hätte lieber ein anderes Kind. So habe ich immer wieder unterbewusst nach Möglichkeiten gesucht, die Beste zu sein. Und das ist bis heute so. Heute erkenne ich dieses Programm und kann mir dann selbst Liebe und Anerkennung geben für das, was ich bin. Ich steige nicht mehr auf die Geschichte ein, dass ich die Beste sein muss. Ich denke: «Das will ich auch», aber nur, wenn es etwas ist, was ich wirklich will, und gleichzeitig denke ich: «Ich bin gut so, wie ich bin». Ich weiß, dass ich gut bin, und genau das wird mir heute im Außen gespiegelt. Dadurch, dass es in mir ist, wird es auch im Außen immer mehr sichtbar. Ich bekomme ganz viel Anerkennung im Außen, weil es meine Anerkennung für mich ist. Ich veränderte es zuerst in mir, dann folgte die Veränderung im Außen. Viele warten auf die Anerkennung im Außen und denken, dass sich danach ihr Gefühl verändert.

Ich habe früher seitenweise aufgeschrieben: «Ich bin gut genug, ich bin liebenswert, ich bin toll, so wie ich bin, ich habe es erschaffen, ich bin dankbar dafür.» Und so schließt sich der Kreis zur Dankbarkeit. Ich bin dankbar für mich und für das, was ich heute gut gemacht habe. Was habe ich heute dazu beigetragen, dass dieser Tag so schön war? Schon als Fachberaterin für Kindertageseinrichtungen habe ich mich gefragt: Wofür bin ich dankbar, was hat mir Freude gemacht und was habe ich dazu beigetragen? Ein Beispiel: Ich habe ein schönes Gespräch mit einer Kollegin geführt. Was war mein Beitrag dazu? Ich habe zugehört, ich habe mich auf sie eingelassen, habe mir Zeit genommen. Wow, bin ich toll. Erst durch mein Verhalten wurde dieses zufällige Gespräch so besonders. Es gab viele zufällige Gespräche, die nicht so gut gelaufen sind, aber heute war es perfekt.

So habe ich mir selbst schon seit vielen Jahren meine Fähigkeiten bewusst gemacht und mich dafür anerkannt. Im Jahr 2009 entdeckte ich das Buch «Der Weg des Künstlers». Es ist ein Buch, das dazu auffordert, jeden Tag drei Seiten zu schreiben – und zwar einfach über alles, was einem in den Kopf kommt. Ich schrieb nicht nur über Dankbarkeit, sondern über alles, was ich erlebte und empfand. Es ging dabei darum, sich Alltägliches bewusst zu machen. Das machte ich jeden Abend, während mein Mann neben mir im Bett lag und schlief. Ich war wirklich ehrgeizig darin, das zu tun. Ich bin sowieso sehr ehrgeizig, wenn es darum geht, zu träumen und mir Zeit dafür zu nehmen. Ich höre Musik und träume davon. Die Welt passiert in dir und nicht im Außen. Wenn du es schaffst, dich abzukoppeln, und in dir eine Welt erschaffst, dann wird diese Welt irgendwann deine Realität sein.

Bevor ich mir Gedanken über Probleme mache, träume ich lieber, wie ich es haben will.

Meinen Kunden habe ich schon oft vorgelesen, wie ich träume und was ich so aufschreibe. Was ich aber noch nie jemandem vorgelesen habe, ist die allererste Seite, die ich jemals in der Form geschrieben habe. Ich habe sie in der Vorbereitung auf dieses Buch herausgeholt und musste wirklich sehr lachen, denn das ist weltenweit entfernt von dem, wie ich heute schreibe. Bist du bereit? Es wird lustig.

19.09.2011

«Ich habe geträumt und während ich träumte, freute ich mich, weil ich es aufschreiben wollte. Ich bin aufgestanden und es war weg. Manno! Also muss ich zuerst schreiben und dann erst aufstehen. Ich habe total Erkältung, fühle mich schlapp. Wow, drei Seiten sind ganz schön viel. Was soll ich so viel schreiben! Mir fällt nichts ein. Vielleicht, was mich heute erwartet. Zwei Termine gleich morgen früh und dann gehe ich zum Arzt. Nicht nur, dass ich erkältet bin, mein blöder Zeh muss noch angeguckt werden. Hoffentlich sind alle heute da. Ich weiß echt nicht, was ich schreiben soll. Na ja, in der Zeit der Computer ist es gar nicht notwendig. Wie soll ich das schaffen? Oh mein Gott, das ist anstrengend. Ich will am liebsten aufhören. Muss das denn echt sein? Was habe ich geträumt, was war das, was war das? Ich weiß es nicht. Es ist noch nicht mal eine Seite. Es wird ein schöner Tag. G. kommt später und wir machen ihre Anträge für die Kur. Eine Seite geschafft. Ich freue mich, dass sie es durchziehen will. Ich brauche morgens mehr Zeit, drei

Seiten zu schreiben, ich brauche mehr Zeit, also muss ich früher aufstehen. Stefan wird denken, dass ich verrückt bin. Das macht mir was aus, deswegen schreibe ich, während er schläft. Ich muss aufhören. Ich brauche Training, dann wird es besser. Ich höre auf, meine arme Hand. Es nervt. Es sind keine zwei Seiten. Geht nicht mehr. Stopp. Vorbei. Jetzt kann ich wirklich nicht mehr. Meine Hand fällt mir gleich ab. Wie macht das die A.? Sie ist so toll. Ich will mehr schreiben. Sie ist es gewohnt ...»

Und so weiter und so weiter. Ich habe es durchgezogen, einfach weitergemacht und wahrgenommen, dass sich mein Bewusstsein unglaublich verändert hat. Vor allem siehst du an der Art, wie ich früher geschrieben habe, was so auf Autopilot aus mir herauskommt. Weil ich weitergemacht habe, wurde ich präziser in dem, was ich geschrieben habe. Es sind neue Dinge entstanden, ich konnte mir meine Glaubenssätze anschauen und entscheiden, wie ich sie umformulieren will. Meine Schreibgeschichte hat sich komplett verändert. Heute sind meine Mitschriften mein Traumleben, ich empfinde so viel Dankbarkeit für das, was ist, so viele zukünftige Manifestationen, auf die ich mich schon freue, wie sie in mein Leben kommen. Auch das ist, was mich auszeichnet, ich fange einfach an. Nein, es ist nicht perfekt, am Anfang vielleicht noch nicht mal schön, aber ich mache es. Ich befolge das, was mir meine Coaches sagen oder Menschen, die das haben, was ich haben will, denn von ihnen kann ich Neues lernen. Am Anfang hat es sich oft schwer angefühlt, weil es ungewohnt war – sogar das Schreiben in meinem Journal. Heute liebe ich es. Übrigens tut meine Hand dabei inzwischen nicht mehr weh, weil sie trainiert ist.

MANIFESTATION

Manifestation ist in aller Munde, wird meiner Meinung nach aber oft zu oberflächlich behandelt. Häufig heißt es: Du musst es nur denken und dann kommt es! So funktioniert das leider nicht.

Grundsätzlich bedeutet Manifestation, dass wir Gedanken und Gefühle in eine feste Form bringen. Und da wir ständig denken und fühlen, manifestieren wir auch immer. Jeder Gedanke, jedes Gefühl hat eine bestimmte Energiefrequenz. Das kannst du für dich selbst überprüfen, indem du fühlst, was ein bestimmter Gedanke zum Beispiel mit dir macht. Wirst du kribbelig bei dem Gedanken, den du gerade denkst, oder zieht es dich herunter? Wir können nicht nicht manifestieren. Die Frage ist nur, ob wir das erschaffen, was wir haben wollen, oder das, was wir nicht haben wollen. Da sich die meisten mit den universellen Gesetzen, dem Gesetz der Anziehung, dem Gesetz der Polarität, dem Prinzip von Ursache und Wirkung, nicht in der Tiefe auskennen, manifestieren sie oft das, was sie nicht haben wollen.

Ein wichtiger Grundsatz beim Manifestieren ist: Gleiches zieht Gleiches an.

Wenn du dich also auf positive, erhebende Gedanken und Emotionen konzentrierst, wirst du mehr positive Umstände in dein Leben ziehen. Wenn du dich dagegen auf negative Gedanken und Gefühle konzentrierst, wirst du eher Negatives in dein Leben ziehen. Wähle deine Gedanken mit Bedacht – sie sind wirklich wichtig! Gedanken führen zu Emotionen, und je nachdem, welche Emotionen du fühlst, wirst du auf eine bestimmte Art und Weise handeln. Und das wiederum macht den Unterschied in den Ergebnissen, die du erzielst.

Um unsere Wünsche zu manifestieren, müssen wir uns an fünf wichtige Schritte halten: An erster Stelle steht, dass wir uns darüber im Klaren sein müssen, was wir wollen. Vage Wünsche und Hoffnungen reichen nicht aus – wir müssen konkret werden. Je mehr Klarheit wir in unsere Vision bringen können, desto besser. Wir können nur das erschaffen, was wir auch denken und fühlen können. Wenn wir uns nicht mit dem auseinandersetzen, was wir haben wollen, können wir es auch nicht erschaffen. Dabei geht es nicht nur um Gedanken, sondern auch um Gefühle. All das ist Energie, die in feste Form verwandelt werden kann.

Meist fällt es uns schwer, uns in Dinge oder Gefühle hineinzudenken, die wir noch nicht haben. Wenn wir denken: «Ich bin Millionärin. Ich denke, handle und fühle wie eine Millionärin», sagt unser kleines Selbst: «Guck mal auf dein Konto!» – und will uns damit in der Realität halten. Deshalb ist es hilfreich, sich mit Menschen zu umgeben, die schon da sind, wo wir hinwollen. Menschen, die das Gleiche haben oder machen wie wir, bringen uns nicht weiter. Wir stecken dann immer in der gleichen Energiefrequenz fest und wissen gar nicht, was wir alles haben können.

Möglichkeiten entdecken wir nur, wenn wir über den Tellerrand schauen, um zu sehen, was es alles gibt.

Auch die Absicht spielt bei der Manifestation eine wichtige Rolle. Frag dich, *warum* du dein Ziel erreichen willst. Je mehr Gründe du kennst, warum sich dein gesetztes Ziel manifestieren soll, umso klarer kannst du es benennen und umso wahrscheinlicher wird es sich erfüllen.

Wie du dir Ziele setzt, die dich motivieren, erfährst du im Kapitel «Ziele».

Im ersten Schritt geht es vor allem darum, dass du nach dem fragst, was du wirklich haben willst. Und bitte keine falsche Bescheidenheit.

Wenn du dein Ziel kennst und deine Absicht mit Überzeugung formulieren kannst, bist du bereit für den zweiten Schritt erfolgreicher Manifestation. Hier geht es darum, zu fühlen, zu sehen und zu hören, was du wirklich willst. Du bringst die Zukunft in das Jetzt.

Für manche scheint das Fühlen noch schwieriger zu sein als das Denken von Dingen, die noch nicht da sind. Eine gute Hilfe ist hier ein Visionboard, dessen Bilder es leichter machen, dich in deine Manifestation hineinzufühlen. Ich selbst liebe es, mich auf der App Pinterest inspirieren zu lassen und festzustellen, was es alles zu wollen gibt. Vielleicht siehst du auch Menschen, die etwas haben, was dich eifersüchtig oder neidisch macht. Anstatt diese Menschen zu verurteilen, ändere deine Gefühle von «Unmöglich, was die sich erlauben» hin zu «Oh ja, das will ich auch». Such dir Bilder, die genau das zeigen, was du haben willst. Stell dir vor, dass es schon deins ist. Fühl, wie es ist, es zu besitzen oder schon dort zu sein. Mach von dir selbst ein neues Bild, frag dich: Wie denkst du, wenn du die Person geworden bist? Wie handelst du? Welche Entscheidungen triffst du? Welches Bewusstsein hast du? Welche Kleider trägst du? Wo verbringst du deinen Urlaub? Wie sieht das Haus aus, in dem du lebst? Welche Menschen umgeben dich? Womit beschäftigst du dich in deiner Freizeit? Welche Bücher liest du?

Wer bist du, wenn alles da ist, was du dir gewünscht hast?

Mach dir bewusst, dass es nur das *Jetzt* gibt. Du bist *jetzt* schon diese Person. Die Vergangenheit kannst du nicht mehr erleben, die Zukunft noch nicht. Wenn du deine Zukunft ändern willst, musst du dich heute im Hier und Jetzt verändern. Du musst zu einem anderen Bewusstsein werden, um in der Zukunft andere Ergebnisse zu erzielen. Andernfalls reproduzierst du immer wieder deine Vergangenheit. Immer das Gleiche zu denken, tun und fühlen, lässt dich immer wieder das Gleiche erleben. Das ist wie in dem Film «Und täglich grüßt das Murmeltier» – auch da ändert sich die Geschichte erst, als die Figur Phil Connors sein Verhalten ändert.

Eine sehr gute Unterstützung beim Verstärken deiner Gefühle ist es, deine Vision aufzuschreiben. Ich schreibe seit über zehn Jahren mehrmals pro Woche in meinem Journal über das Bild, wie ich es haben will. Es gibt Zeiten, da schreibe ich täglich morgens und abends, aber es gab auch Zeiten, wo ich mal einen Monat gar nicht geschrieben habe. Heute kann ich nicht anders, als jeden Tag zu schreiben, weil es mir guttut und viel Energie gibt. Wenn es um eine große Manifestation geht, mache ich es auf jeden Fall täglich, allerdings nicht, um es zu tun, sondern weil es mir Spaß macht, mich mit der neuen Situation zu beschäftigen. Sie ist nämlich schon da, in dem Moment, in dem ich sie denke. Sie hat sich nur noch nicht materialisiert, hat noch keine Form angenommen. Es gibt keine echte Empfehlung für die Häufigkeit des Schreibens. Sicher ist es hilfreich, es so oft wie möglich zu tun und dann, wenn es sich für dich richtig anfühlt. Nur, wenn es mal nicht klappen sollte und du nicht geschrieben hast, verurteile dich nicht, sondern entscheide dich neu und mache es.

Nachdem du dein Ziel gedacht und gefühlt hast, kommt jetzt der sehr schwierige dritte Schritt: Loslassen!

Du hast dein Ziel gedacht, gefühlt und weißt, dass es schon da ist, aber du klebst nicht an ihm. Viele denken 24 Stunden an ihr Ziel und wollen, dass es sich erfüllt. Betrachte es wie eine echte Bestellung, bei der du zu 100 Prozent darauf vertraust, dass sie eintrifft. Mir hilft der Vergleich, dass, wenn ich mein Essen im

Restaurant oder etwas in einem Onlineshop bestelle, ich auch weiß, dass es kommt. Ich mache mir gar keine Gedanken darüber, dass sie mich vergessen haben. Ich habe bestellt und weiß, dass es kommt. Wenn du in einem Restaurant etwas bestellst, rennst du ja auch nicht alle zwei Minuten in die Küche und guckst, ob es schon fertig ist, oder? Ich glaube, dann würdest du nicht zu den Lieblingskunden zählen. Früher oder später würden sie dich rauswerfen und deine Bestellung würde in der Tat nicht kommen.

Vor zehn Jahren habe ich immer wieder meine Wünsche auf-geschrieben, in einen Briefumschlag gesteckt, «Universum» als Adresse draufgeschrieben, ihn weggelegt und vergessen. Ich wusste, das bin ich in der Zukunft. Ich war überzeugt von dem, was ich geschrieben hatte. Ich habe mich immer wieder damit verbunden und mir die Zeit genommen, davon zu träumen, wie es sein würde, wenn ich es habe.

In einem Fall lief es so: Ich weiß noch genau, dass ich damals im Sommer jeden Tag ins Freibad ging und mir während des Schwimmens vorstellte, wie sich mein Wunsch erfüllt. Es ging damals um eine Stelle als Fachberaterin für Kindertagesein-richtungen. Ich war noch nicht so lange im sozialen Bereich tätig, also relativ unerfahren, aber ich war sicher, dass es die richtige Position für mich war. Da ich die Menschen in der Abteilung kannte, stellte ich mir vor, wie mich der Direktor herumführt und ich mit den anwesenden Personen spreche. Ich habe mich neben dem Geschäftsführer gesehen, mit dem ich zukünftig arbeiten würde. Ich kannte viele der Beteiligten, die Räume und wusste, wie der Arbeitsplatz aussieht. Es war so bildlich und absolut klar, dass es genauso kommen musste, wie ich es mir vorstellte. Ich habe also dort schon gearbeitet, bevor ich dort gearbeitet habe.

Ich schwamm meine Bahnen und sah alle Details genau vor meinem geistigen Auge. Ich fühlte es, ich habe Gespräche geführt, ich habe mich vor anderen Kindergartenleitungen sprechen gesehen. Ich habe es in vollen Zügen genossen.

Als ich mit dem Schwimmen fertig war, war alles wieder aus meinem Kopf verschwunden. Weg, ich habe es bestellt, ich habe es durchlebt und dann habe ich mich meinen Aufgaben gewidmet, die dran waren. Ich war kurze Zeit in meinen Traum eingetaucht, genauso wie ins Wasser, und dann stieg ich wieder aus. Verbindung, aber nicht dran kleben! Hast du jetzt eine Vorstellung davon, was «loslassen» bedeutet?

Ich habe die Stelle übrigens wirklich bekommen! Mehr dazu erzähle ich dir im Kapitel «Alles ist möglich».

Nach dem schwierigen dritten Schritt kommt der wichtige vierte. Im Übrigen ist es nicht schwierig, es scheint uns nur oft schwierig, weil wir es nicht gelernt haben, nichts zu tun und zu empfangen. Wir glauben, dass wir so viel tun müssten, um zu bekommen. Aber genau darum geht es, dass du lernen darfst loszulassen, weil alles schon da ist.

Also zum vierten Schritt: Empfangen oder, wie ich es nenne: Impuls and go!

Nachdem du die ersten drei Schritte gegangen bist, bekommst du Impulse, die dir sagen, was du zu tun hast. Das ist der Schritt, bei dem du deine Manifestation empfängst. Er zeigt sich in Form von Impulsen, die zu dir kommen. Das hat nicht immer direkt etwas mit deinem Ziel zu tun. Es kann etwas damit zu tun haben, muss aber nicht.

Ein Beispiel für einen Umweg, den ich gerade hier im Hotel, in dem ich dieses Buch schreibe, erlebt habe: Im Fahrstuhl sah ich den Hinweis auf ein Faszientraining, das morgens um zehn Uhr stattfinden sollte. Aus einem Impuls heraus meldete ich mich an, weil ich dachte, dass gezielte Bewegung ein guter Ausgleich zum vielen Sitzen und Schreiben sei. Als ich den Raum betrat, stellte ich fest, dass ich mit dem Trainer allein war. In dem Moment fiel mir eine ältere Manifestation ein, in der ich mir einen Personal Trainer gewünscht und die ich längst vergessen hatte. Sowohl der Trainer als auch ich hätten die Einheit absagen können, aber mir kam das Einzeltraining recht. Ich erkannte meine Manifestation und habe die Gelegenheit genutzt, sie zu empfangen. Das ist das Verrückte an den universellen Bestellungen. Sie kommen plötzlich und manchmal anders als erwartet. In jedem Fall musst du sie annehmen, sonst versperrst du dir den Weg für deinen weiteren Energiefluss.

Um die richtigen Impulse zu empfangen, ist es wichtig, dass du bereits vorher in der Frequenz schwingst, in der dein Ziel liegt. Nur so kannst du es anziehen. Die Energiefrequenz zieht die gleiche Frequenz an. Wenn du eine Million Umsatz machen willst, musst du vorher schon im hohen Bereich denken, fühlen und entscheiden. Du handelst jetzt schon, als hättest du dein Ziel bereits erreicht, nur so kannst du es anziehen. Träumen allein reicht nicht. Dein Körper muss in Bewegung, in Schwingung sein und du musst deine Impulse umsetzen. Du musst es *tun*. Hört sich dramatisch und schwer an, braucht es aber nicht zu sein. Deinen Impulsen zu folgen, muss nicht zwangsläufig anstrengend sein. Häufig führen sie dich jedoch aus deiner Komfortzone heraus. Okay, ich bin ehrlich: Wenn du große Ziele hast, wird dich das immer aus deiner Komfortzone herausführen, denn du bist ja noch nicht dort, wo du sein willst, und dadurch veränderst du deine neue Normalität.

Wenn du diese vier Schritte nach und nach umsetzt, bist du auf dem besten Weg, deine Wünsche zu verwirklichen. Denk einfach daran, geduldig zu sein – gute Dinge kommen zu denen, die warten.

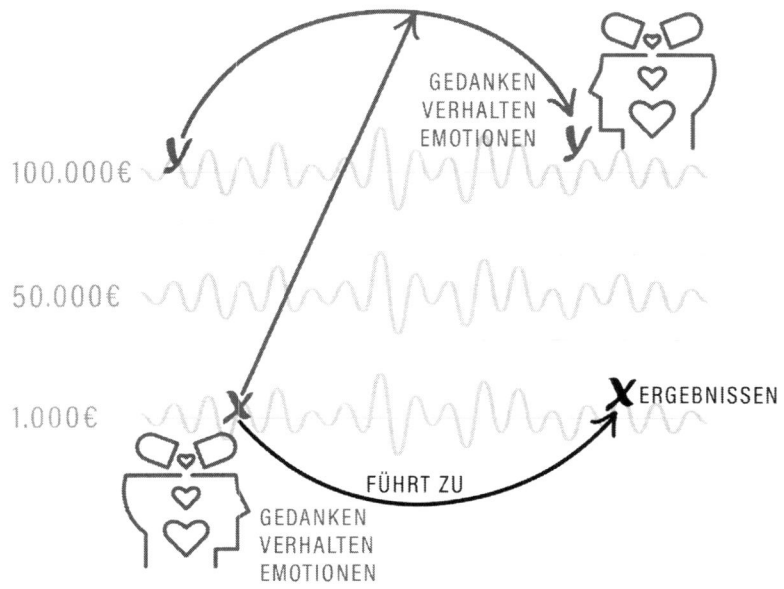

GEDANKEN
VERHALTEN
EMOTIONEN

100.000€

50.000€

1.000€

X ERGEBNISSEN

FÜHRT ZU

GEDANKEN
VERHALTEN
EMOTIONEN

Von Bob Proctor direkt gelernt
über das Thinking into Results

Energie-Frequenzen

Diese Grafik zeigt dir die Bedeutung und Wirkung der unterschiedlichen Frequenzen. Die waagerechten Linien entsprechen den Energiefrequenzen, die sich nach der Qualität deiner Gedanken, Emotionen und deinem Verhalten ausrichten. Wenn du 1.000 Euro im Monat verdienst, denkst du wie jemand, der

1.000 Euro zur Verfügung hat – in dieser Skizze mit dem X dargestellt. Dieses Verhalten führt zu X-Ergebnissen, also 1.000 Euro im Monat. Jemand, der 100.000 Euro im Monat verdient, denkt und verhält sich anders und empfindet andere Emotionen zum Thema Geld. Die Unterschiede lassen sich anhand eines Beispiels gut darstellen: 5.000 Euro auf dem Konto zu haben, bedeutet für den 1.000-Euro-Verdiener Reichtum. Er fühlt sich super. Für denjenigen, der pro Monat 100.000 Euro verdient, wären 5.000 Euro auf dem Konto ein Schock und Grund für Existenzängste.

Wenn du also weiterhin so denkst, wie du heute denkst, erzielst du weiterhin die Ergebnisse, die du auch bis gestern erzielt hast. Es wird keine Veränderung eintreten. Die einzige Möglichkeit, dich in eine neue Frequenz zu begeben, ist, dass du anfängst, neu zu denken. In der Skizze entspricht das dem Y. Um Y zu erschaffen, musst du heute, im Hier und Jetzt, damit anfangen, so zu denken wie jemand, der Y-Ergebnisse erzielt. Du musst so handeln und damit deinem Unterbewusstsein neue Signale senden. Das wird erst mal zu Verwirrung führen. Dein Unterbewusstsein wird sich wehren, weil es nicht ins gewohnte Konzept passt, was du da machst. Es ist ungemütlich, unbequem und alles andere als normal. Aber das ist genau der Weg, mit dem du andere Ergebnisse erschaffst.

Für mich bedeutete das, dass ich meine erste Million Umsatz machte, bevor sie im Außen sichtbar war. Denn ich begann, so zu denken wie jemand, der diesen Umsatz macht. Und ich fing an, mich so zu verhalten. Dies zu üben, scheint für viele unlogisch, sie sind nicht bereit dazu. Sie sagen lieber, dass sie sich erst dann so verhalten, wenn sie mal das Geld haben. Das Geld kommt leider nicht, wenn du so weitermachst, wie du es bis gestern gemacht hast. Erst dein neues Verhalten und dein neues Denken werden Geld im Außen anziehen.

Da wir uns alles, was uns geschieht, manifestieren, ist es wie eine Art Kreislauf. Damit dieser Kreislauf in Bewegung bleibt, gibt es den fünften und fast wichtigsten Schritt für mich: das Feiern! Für mich ist er grundlegend, deshalb habe ich ihm ein eigenes Kapitel gewidmet. Du findest es im «Herz-Bereich».

Hier zusammengefasst die fünf Schritte der Manifestation:

1 Fragen

2 Fühlen

3 Loslassen

4 Empfangen

5 Feiern!

INTUITION ALS TEIL DER MANIFESTATION

Vielleicht fällt es dir am Anfang noch schwer, deine Impulse oder deine Intuition wahrzunehmen und von Angst zu unterscheiden.

Wenn ich überlege, wann ich das erste Mal bewusst meine Intuition gespürt habe, fällt mir eine Situation als kleines Mädchen ein: In der Nähe der Schule war ein kleiner Laden, eine Art Kiosk. Dort gab es Süßigkeiten und Spielzeug wie Bälle und Gummitwist. Alles war bunt und zog mich mit den fröhlichen Farben immer wieder an. Fast täglich gingen wir auf dem Nachhauseweg in diesen Laden, schauten uns um und kauften eine Kleinigkeit zum Naschen. Der Besitzer war freundlich und nett zu uns Kindern, dennoch sagte meine Intuition: «Trau ihm nicht». Trotz dieses Widerspruchs ging ich immer wieder in seinen Laden. Solange meine Freunde dabei waren, konnte ich das Gefühl des Misstrauens gut ablegen. Irgendwann war die Anziehung durch die tollen, bunten Spielzeuge so groß, dass ich allein den Laden betrat. Ich war ein klassisches kleines, unschuldiges Mädchen in einem Blumenkleid und mit Zöpfen. Der Besitzer begrüßte mich und sagte: «Komm, ich zeig dir was.»[1]

---

[1]Achtung: Im Folgenden geht es um einen sexuellen Übergriff.

Meine Intuition sagte sofort: «Nein», aber ich ignoriere sie. Er nahm mich in ein Hinterzimmer mit und stellte mich auf einen Hocker. Ich stand dann dort und dachte: «Das ist schrecklich unangenehm». Ich fühlte mich extrem unwohl. Er sah mich einige Zeit an und griff dann mit einer Hand unter meinen Rock. In dem Moment kam mein Fluchtreflex auf, doch ich unterdrückte ihn, weil ich gelernt hatte, brav zu sein. «Was die Erwachsenen sagen, ist richtig und wird getan», war mein Glaubenssatz. Auch die Verpflichtung zum Gehorsam gegenüber Erwachsenen hielt mich gefangen. Dennoch habe ich mich über alles, was mir beigebracht wurde, hinweggesetzt und bin geflohen. Ein Sprung vom Hocker und nichts wie raus aus dem Laden. Danach bin ich nie wieder hingegangen. Ich habe es aber auch nie jemandem erzählt. Erst als ich erwachsen war, habe ich es meiner Mutter anvertraut. Aus heutiger Sicht ist es verrückt: Ich wusste es! Meine Intuition hat mir damals gesagt: «Geh nicht nach hinten, da stimmt irgendetwas nicht.» Meine Intuition hat es gesagt und ich habe es trotzdem gemacht. Wenn du als Erwachsener deine Intuition wahrnimmst, legen sich sehr schnell Muster und Glaubenssätze darüber. Du denkst: «Ich kann das nicht machen, auch wenn meine Intuition es sagt.» Als kleines Mädchen habe ich damals auch gedacht: «Ich kann doch nicht ,Nein' zu ihm sagen, er ist doch so nett zu mir.» Nach außen hin war er immer nett zu uns Kindern. Wie konnte ich also denken, dass er böse ist? Das hat lange in mir gewirkt. Damals war klar, dass Erwachsene immer recht haben und ich als Kind nichts zu sagen habe. Vielleicht denkst du, was hat das mit Business zu tun? Alles und nichts. Eine meiner ersten «Thinking Into Results»-Kundinnen hat mir damals gesagt, sie wolle das Seminar unbedingt machen, aber sie habe Angst, so viel Geld zu investieren, weil sie schon mal so richtig auf ein falsches Angebot reingefallen sei und viel Geld verloren habe. Ich habe sie gefragt, wie es damals gewesen sei, was sie gefühlt habe, bevor sie das Angebot damals gebucht hatte. Sie sagte mir, es sei ein eindeutiges ‚Nein‘ gewesen. Dann wurde sie sozusagen verkäuferisch überzeugt und sie hat ihrer Intuition nicht vertraut. Obwohl sie wusste, dass sie es nicht wollte, hat sie es gemacht. Ganz so, wie ich mich damals habe überzeugen lassen und nach hinten in den Laden mitgegangen bin. Man will ja niemandem etwas Böses unterstellen. Dann habe ich sie gefragt: «Was fühlst du jetzt?» Ihre Antwort: «Es kribbelt, alles schreit ‚Ja‘, aber der Kopf erzählt Geschichten und fragt, was passiert, wenn es schiefgeht.» Merkst du den Unterschied? Da ist ein eindeutiges ‚Ja‘, und der Verstand, das Ego, will die Komfortzone nicht verlassen, denn es will ja, dass du dort bleibst, wo du bist. Sie hat übrigens gebucht und ist heute selbst sehr erfolgreich, was mich natürlich unglaublich freut.

Deine Intuition ist immer da und sagt dir, was du willst. Und je bewusster wir beobachten, was in uns passiert, desto mehr werden wir lernen, die Stimme unseres Herzens von der des Verstandes zu unterscheiden.

INTUITION IM BUSINESS

Jeden Tag einem neuen Impuls zu folgen, kann auch Sabotage sein. Ein Muster, um nicht dranzubleiben. Deshalb empfehle ich, Ideen aufzuschreiben. Einerseits kann ich so Ideen empfangen, andererseits muss ich sie nicht sofort umsetzen. Ich fokussiere mich erst mal auf eine Sache. Gerade wenn ich ein Business starte, fokussiere ich mich auf ein Produkt und gehe damit raus. «Ja, aber ich habe den Impuls gehabt, das und das noch anzubieten.» Und dann starten sie immer und immer wieder, ohne es wirklich zum Laufen zu bringen.

So funktioniert das nicht, wenn wir nur dem Zauber des Anfangs hinterherlaufen. Wenn du die Ideen aufschreibst, kommt irgendwann der Moment, in dem du merkst: Das ist jetzt dran.

Hier gilt es, in erster Linie das Gesetz der Konzentration zu beachten. Das lässt sich am besten so beschreiben: Dort, wo du deine Energie hineinsteckst, da fließt Energie und es wird groß. Konzentriere dich auf ein Projekt und bündle deine Energie darauf. Es bedeutet nicht, dass du sonst nichts anderes machen kannst. Manchmal tauchen Chancen auf, die deinem Projekt sogar behilflich sind. Dann wird es eher kontraproduktiv sein, die Ausrede zu verwenden: eins nach dem anderen.

Es geht dabei um einen energetischen Unterschied, warum wir etwas tun oder nicht tun. Jede Ausrede, warum etwas nicht geht, schwächt, und jedes «Ich muss es tun, damit ...» auch. Du weißt, was zu tun ist und ob du dir Geschichten erzählst, warum etwas nicht geht. Das ist wichtig, immer bewusster wahrzunehmen und deiner inneren Wahrheit zu folgen.

GLAUBENSSÄTZE

Glaubenssätze vermitteln uns, wie die Welt vermeintlich funktioniert. Wir nehmen sie als Wahrheit an und handeln danach. Wenn wir glauben, dass es schwer sei, Geld zu verdienen, werden wir uns immer wieder beweisen, dass es schwer ist. Wenn wir glauben, dass unser Handeln nur etwas wert sei, wenn wir uns angestrengt haben, dann werden wir uns immer wieder anstrengen. Wenn uns dann etwas leichtfällt, denken wir, dass wir einfach nur Glück gehabt hätten und es nicht so viel wert sei, weil wir angeblich nichts geleistet haben.

Ich habe als Kind immer gehört: «Du bist faul, du machst es dir immer so leicht, du bist ein Sonntagskind und nicht fürs Arbeiten geboren.» Tatsächlich fiel mir in der Schule alles leicht. Ich musste nie lernen und hatte trotzdem immer gute Noten. Ich war in Polen eine der Besten in der Schule und bekam regelmäßig Auszeichnungen. Das habe ich total gefeiert. Für mich war dieser Wettbewerb ein großer Anreiz, ein klassisches Ziel im Außen, das mich innerlich motiviert hat. Das zeigt, wie wertvoll es ist, ein Ziel zu haben und dann die innere Motivation dazu aufzubauen.

Es ist mir also immer leichtgefallen, gute Noten zu schreiben, aber mein Umfeld hat meine Erfolge schlechtgemacht. Nach dem Motto: «Du hast ja nichts dafür getan» oder «Du hast Glück gehabt». Dadurch habe ich für mich abgespeichert, dass ein gutes Ergebnis nichts wert ist, wenn es mir leichtgefallen ist.

Als ich älter wurde, fing ich an, der Welt beweisen zu wollen, dass ich sehr wohl etwas tue und mich anstrenge.

Viele definieren «handeln» über «machen», «Strategien verfolgen» und «sich anstrengen». Sie haben gelernt: «Ohne Fleiß kein Preis». Aber was wäre, wenn der Fleiß, also die Arbeit, darin bestehen würde, auf die innere Stimme zu hören und immer wieder zu träumen? Immer wieder auf das zu hören, was ich wirklich will? Dem zu folgen, was mir Freude macht? Auch das hat man mir schlechtgemacht. Es hieß dann: «Das Leben ist kein Ponyhof – man kann nicht immer nur Spaß haben.» Warum nicht? Kinder haben doch auch Spaß. Sie überlegen nicht, was sie heute Anstrengendes spielen müssen, um den Eltern zu beweisen, dass sie ein gutes Kind sind. Letztendlich zeigt sich hier, wie viel Wahrheit in dem Satz meines Mentors Bob Proctor steckt: Es kommt nicht darauf an, *was* du tust, sondern *wie* du es tust. Aus welcher Energie heraus tue ich etwas? In welchem mentalen Zustand handle ich? Viele handeln aus einem Mangel heraus: Sie brauchen mehr Geld, mehr Kunden, sie müssen handeln, um ein bestimmtes Ergebnis zu erzielen. Sie machen es nicht, weil sie es einfach machen wollen und dabei Freude haben.

Ich mache Dinge, weil ich Spaß daran habe. Ich handle aus dem Zustand heraus, dass alles schon da ist. Es ist alles perfekt, wie es ist, auch wenn ich mir natürlich immer wieder verrückte Ziele setze, die mich motivieren. Es ist wie ein Spiel.

Sich seiner Glaubenssätze bewusst zu werden und sie zu transformieren, ist also ein grundlegender Schritt zur Veränderung. Dabei müssen wir nicht auf die Suche gehen und sie erst mal entdecken. Es geht darum, dass wir uns bewusst werden, was wir so den ganzen Tag denken und auf welchen Glaubenssätzen es beruht. Meistens beruht unser Glaube auf falschen Tatsachen. Wir hören die Meinung von jemand anderem, oftmals von den Eltern, und übernehmen sie als unsere Wahrheit. Auf Basis dieser Wahrheit handeln wir und machen die entsprechenden Erfahrungen. Anhand dieser Erfahrung bilden wir uns dann eine Meinung, und unser Unterbewusstsein setzt alles daran, immer wieder Erfahrungen zu machen, die diese tief verankerte Meinung beweisen. So ergibt sich eine Art Teufelskreis.

Man hat einen Glaubenssatz zu dem, was man zu leisten imstande ist, und schränkt sein Potenzial entsprechend ein. Aus diesem eingeschränkten Potenzial heraus handelt man und erzielt ein entsprechendes Ergebnis, das dann wiederum der vermeintliche Beweis für seinen Glaubenssatz ist.

Überprüfe an dieser Stelle einmal selbst, welche einschränkenden Glaubenssätze du über dich selbst hast. Sie beginnen meistens mit der Formulierung «Ich bin ...» oder «Ich kann nicht, weil ...».

Die Einflüsse auf unsere Glaubenssätze sind vielfältig. Jedes bearbeitete Foto in Zeitungen oder auch Geschichten in Filmen, Vorgaben von Vorgesetzten oder Regierungen können dazu führen, dass wir von uns denken, wir seien weniger wert oder könnten etwas nicht. Da wir quasi rund um die Uhr in ganz unterschiedlichen Situationen von Meinungen und Darstellungen umgeben sind, die als normal oder als möglich gelten, ist es eine große Herausforderung, sich davon abweichend zu verhalten.

Wenn du die Entscheidung triffst, deine Glaubenssätze ändern zu wollen, hilft es dir, sie zunächst in deinem täglichen Denken und Handeln zu identifizieren. Im nächsten Schritt überlegst du dir dann, wie du stattdessen denken und handeln möchtest. Stell dir immer wieder die Frage: «Wie will ich es haben?» In dem Moment, in dem du dich für einen neuen Glaubenssatz entscheidest, ändert sich deine Frequenz.

Hier ein konkretes Beispiel dafür: Wenn du z. B. bis gestern geglaubt hast, es sei schwer, Geld zu verdienen, formulierst du es so, wie du es haben willst. Vor allem ist es von entscheidender Bedeutung, dass du es in der Gegenwartsform beschreibst:

Ich bin ein Geldmagnet.

Es gibt nichts Einfacheres, als Geld zu verdienen.

Ich liebe Geld und Geld liebt mich.

Ich verdiene jeden Monat 10.000 Euro mit Freude und Leichtigkeit.

Das ist dein neues Normal, das du verinnerlichen darfst. Es bedarf der Wiederholung und des Trainings, da du lange genug verinnerlicht hast, wie schwer es ist, Geld zu verdienen.

Auf jeden Fall wirst du dadurch neue Situationen und Erfahrungen in dein Leben ziehen. Aus diesen Erfahrungen heraus erschaffst du neue Ergebnisse und entwickelst neue Glaubenssätze. Der Kreislauf bleibt der gleiche. Es ist nur eine Frage, wovon du ausgehst: von einem einschränkenden Glaubenssatz oder einem, der dazu führt, dass du dein Potenzial immer mehr lebst.

Dazu habe ich im Rahmen von «Thinking into Results», dem Erfolgsprogramm meines Mentors Bob Proctor, ein Konzept gelernt, das mein Leben komplett verändert hat. Es war eines dieser Aha-Erlebnisse, bei denen ich verstanden habe, warum die meisten ihr Leben nicht grundlegend verändern, obwohl das Wissen überall verfügbar ist. Sie wollen eine Veränderung und bleiben doch da, wo sie sind. Den Grund dafür gebe ich dir im nächsten Kapitel.

ERST INNEN, DANN AUSSEN

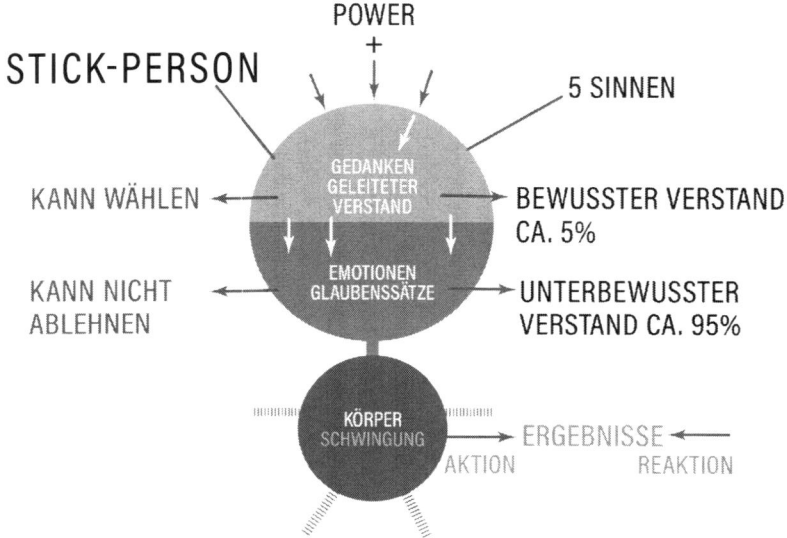

Dr. Thurman Fleet, 1934
aus Thinking Into Results

Diese Zeichnung hat 1934 einer der Mentoren von Bob Proctor, Dr. Thurman Fleet, gezeichnet. Er nennt es das Strichmännchen. Da diese Zeichnung mein Leben verändert hat, teile ich sie mit dir. Damit möchte ich dir vermitteln, dass wir uns selbst alles erschaffen können, es sich aber manchmal sehr schwer anfühlt – obwohl wir doch schon so viel wissen. Ich habe dazu keine genauen Quellenangaben, sondern es von meinem Mentor Bob Proctor übernommen, wie er es in seinen Coachings gelehrt hat.

Du hast einen bewussten und einen unbewussten Verstand – beide steuern deinen Körper. Dein Verhalten und alles, was du tust, entspringen deinem Bewusstsein und Unterbewusstsein. Somit ist dein Körper «nur» ein Instrument deines Verstandes, aber er ist das, was Ergebnisse erschafft. Die Frage ist, wie dein Verhalten zustande kommt.

Um es zu vereinfachen, bezeichne ich alles, was in der Welt vorhanden ist, als universelle Kraft. Durch unsere fünf Sinne Sehen, Hören, Riechen, Schmecken und Fühlen treffen Eindrücke auf deinen bewussten Verstand. Du entscheidest, wie du auf das, was du wahrnimmst, reagierst. Du bewertest es in der Regel als positiv oder negativ. Das haben wir so gelernt.

Der bewusste Verstand, dem wir sehr viel Entscheidungsmacht geben, weil wir gelernt haben, alles logisch erklären zu wollen, hat in Wirklichkeit nur einen winzig kleinen Anteil von ungefähr fünf Prozent an allem, was wir wahrnehmen. Ob das drei oder zehn Prozent sind, ist an dieser Stelle nicht von Bedeutung und soll nur das Verhältnis zum Unterbewusstsein widerspiegeln. In Wahrheit treffen wir Entscheidungen emotional und erklären sie uns später logisch, weil wir es so sehr lieben, klug und logisch zu sein. Jahrelange Schulbildung hat uns gelehrt, dass Logik und Wissen das sind, was zählt. Unsere Emotionen und Intuition haben keine Beachtung in der Schule bekommen. Deswegen schenken wir dem bewussten Verstand mehr Aufmerksamkeit, obwohl er so einen kleinen Anteil an unserer Wahrnehmung hat.

Der bewusste Verstand beinhaltet alles, was du weißt, bewusst denkst und gelernt hast. Daher wird er auch der gebildete Verstand genannt. Wenn du dich in einem Raum bewusst umschaust, dann die Augen schließt und erzählen sollst, was du wahrgenommen hast, wirst du nur einen kleinen Teil bewusst wiedergeben können, obwohl du so viel mehr wahrgenommen hast. Deine bewusste Wahrnehmung ist selektiv, obwohl du insgesamt viel mehr unterbewusst wahrnimmst.

Alles, was im bewussten Verstand ist, kannst du wählen, und das ist auch der Teil, den du bewusst beeinflussen kannst. Das ist, wenn ich dir sage: Such nach Dingen im Raum, die rot sind. Du kannst auch Dinge wählen, die dir gefallen oder nicht gefallen. Je nachdem, worauf du den Fokus lenkst, wirst du genau das wahrnehmen. Das ist eine sehr gute Nachricht. Du kannst entscheiden, ob du etwas glauben willst oder nicht. Du kannst wählen, ob du eine Situation positiv oder negativ bewertest. Alles, was du wahrnimmst, unterliegt deiner Entscheidung. Wenn dir jemand sagt: «Geld verdienen ist hart», «Das Leben ist kein Zuckerschlecken» und du das bewusst wahrnimmst, kannst du entscheiden, ob du das glauben willst. Wenn ich solche Sätze höre, sage ich mir sofort: «Nein, das ist für mich nicht wahr.» Ich entscheide bewusst, ob ich das als meine Wahrheit sehe oder nicht. Das mache ich bewusst, denn würde ich das so stehen lassen, würde es ungefiltert in meinen unterbewussten Teil gehen und sich dort als Wahrheit niederlegen. Dann hören wir solche

Dinge immer und immer wieder – und diese Wahrheit wird in deinem Unterbewusstsein fest verankert. Irgendwann hören wir diese Aussagen nicht mehr bewusst, weil sie zu unserem Weltbild selbstverständlich dazugehören. So entstehen Paradigmen, die kraftvoll wirken, weil sie nicht mehr hinterfragt werden, und wir leben, als wäre das so. Heißt, wir leben z. B. so, als wäre es hart, Geld zu verdienen, weil wir es glauben. Alles, was durch den Filter des bewussten Verstandes ungefragt hereingekommen ist, sickert ins Unterbewusstsein und wird zu unserer Realität.

Der unbewusste Verstand, auch emotionaler Verstand genannt, hat somit eine große Kraft und wirkt unterbewusst auf uns. Wir könnten auch sagen, es ist uns nicht bewusst, was da alles vor sich geht, wenn wir uns nicht bewusst unser Verhalten und unsere Ergebnisse anschauen. Wir merken es nicht, weil wir es nicht mehr hinterfragen. Es ist für uns logisch, was dort gespeichert ist. Wir haben sehr viele Erfahrungen, die diese Glaubenssätze und Paradigmen stützen. Die meisten Menschen sehen es so. Es wird uns in der Schule gelehrt, also wird es wahr sein. Verstehst du, wie machtvoll das ist? Unser Unterbewusstsein macht etwa 95 % aus, was sehr mächtig ist und den größten Einfluss auf unser Verhalten hat. Schauen wir uns unser Verhalten und unsere Ergebnisse an, können wir daraus schließen, was wir glauben und wie wir über die Welt denken. Der unbewusste Verstand mit all unseren Glaubenssätzen und Paradigmen, die wir nicht infrage stellen, bewirkt, dass wir die meiste Zeit im Alltag auf Autopilot sind.

Als Paradigmen gelten mehrere Glaubenssätze gebündelt, die sich in unseren Gewohnheiten widerspiegeln. Wir haben eine hohe Anzahl an Gewohnheiten, über die wir uns auch keine Gedanken machen. Wir hinterfragen sie nicht.

Es fängt morgens beim Aufstehen an. Was machst du als Erstes, wo gehst du hin? Du denkst gar nicht mehr darüber nach, sondern gehst als Erstes ins Bad. Auf dem Weg dahin machst du vielleicht schon die Kaffeemaschine an, ohne es bewusst wahrzunehmen. Es passiert einfach. Wie putzt du deine Zähne und mit welcher Hand machst du es? Das wählen wir nicht, das machen wir, weil wir es so gelernt haben. Wenn wir aber das verändern wollen, müssen wir wieder unsere Aufmerksamkeit darauf lenken und es neu lernen. Wenn wir anfangen, mit der anderen Hand die Zähne zu putzen, wird es uns zunächst schwerfallen. Je häufiger wir es tun, desto leichter wird es, bis es wieder in eine neue Gewohnheit übergegangen ist. So ist es auch mit den neuen Glaubenssätzen. Wir müssen es wahrnehmen, dann üben wir es neu und wenden es im Alltag an. Unser Unterbewusstsein ist mächtig. Es ist für uns auch eine Hilfe, damit wir nicht alles und in jedem Moment hinterfragen. Wir würden so viele Eindrücke nicht verarbeiten können. Es lohnt sich jedoch, die Bereiche in unserem Leben anzuschauen, die uns nicht gefallen, die dahinterliegenden Glaubenssätze zu erkennen und es so zu verändern, wie wir es haben wollen. Durch unseren bewussten Verstand, den wir jederzeit für uns nutzen können, können wir alles Stück für Stück verändern, und das ist gut so. Es braucht Wiederholung und wir dürfen die Dinge wieder verlernen, die wir als Kinder ungefiltert übernommen haben.

Als Kinder haben wir das, was uns erzählt und vorgelebt wurde, nicht hinterfragt. Wir haben den Erwachsenen vertraut und gedacht, sie wüssten es besser. Sie haben wiederum ihre Glaubenssätze und Paradigmen ungefiltert von ihrem Umfeld übernommen. Und so haben wir mehr und mehr vergessen, wie leicht und schön das Leben sein kann. Wir können uns wieder erinnern und neu bestimmen, was wir glauben und was wir nicht glauben wollen. Es ist das wahr, was wir glauben. Genau das werden wir im Außen wahrnehmen, weil wir unsere Wahrnehmung auf das richten, was wir unterbewusst glauben.

Als ich dieses Prinzip kennenlernte, wurde mir so viel klar, denn vorher dachte ich immer, dass die Dinge einfach so sind, wie sie sind. Heute frage ich mich ganz oft, wenn ich etwas wahrnehme oder mir jemand etwas erzählt: Will ich das wirklich glauben?

Als ich mir damals das Ziel von einer Million Euro Umsatz im Jahr gesetzt habe, war das für mich unerreichbar. In mir hat sich vieles dagegen gesträubt. Nach dem Motto: Das ist doch gar nicht möglich. Mein Glaubenssystem, was für mich möglich ist und was nicht, war auf einem anderen Niveau. Dann begann ich, mir immer wieder vorzustellen, dass ich eine Million Euro verdiene. Ich habe mir ganz plastisch vorgestellt, wie es ist, eine Million Euro zu verdienen. Ich habe diese Idee in mein Leben eingeladen, dass es für mich auch möglich ist. Ich hörte auf, es als unmöglich zu sehen. Ich bin schon vorher in die nötige Schwingung gegangen und habe die Gedanken immer wiederholt. Die Wiederholung ist wichtig, damit sich dein System immer wieder mit deiner neuen Realität beschäftigt und es annehmen kann. Wenn du anfängst, immer wieder neue Ideen zu denken, werden diese irgendwann zu deinem neuen Normalzustand und legen sich im Unterbewusstsein als solcher fest. Du machst sie zu deiner neuen Realität, die du gar nicht mehr hinterfragst. So gelingt es dir, deine Realität im Außen zu verändern, wenn du sie erst im Innern veränderst. Stell dir vor, du hättest, seit du geboren wurdest, bis heute jeden Tag gehört, wie großartig du bist, wie großartig es war, was du gemacht hast, und dass du dir alles, was du dir wünschst, auch ermöglichen kannst. Denkst du nicht, du würdest heute andere Sichtweisen von der Welt haben?

Nachhaltige und schnelle Veränderung passiert so: erst innen, dann außen.

BEWEGUNG

MEIN WARUM

Ich habe so viele Dinge darüber gelesen, wie man als Coach oder Speaker erfolgreich wird. Es gibt so viele Glaubenssätze darüber, was man braucht, um erfolgreich zu sein. Die sogenannten Must-haves für Erfolg sind sicher richtig, aber es kommt darauf an, das Passende für sich selbst herauszunehmen. Es kann sein, dass du durch solche Vorgaben limitiert wirst. Sie können aber auch hilfreich sein.

Was meine ich konkret damit? Ich habe gelernt, dass man ein großes Warum braucht, um als Coach, Speakerin oder Trainerin erfolgreich zu sein. Tatsächlich hatte ich zum Start meines Coaching-Business überhaupt kein Warum.

Damals stand ich im Publikum bei den Speakern, die mich mit dem, was und wie sie es gesagt haben, so sehr gefesselt, fasziniert und berührt haben. Ich wollte das auch für mich haben – ein einfaches «Ich will das auch!». Ich wollte es auch, weil es mir – schon damals – Spaß machte, weil ich auf der Bühne bewundert werden wollte, weil die Menschen mir zuhören sollten, denn ich hatte auch etwas zu sagen. Das entsprach nicht dem Warum, das mir zuvor vermittelt worden war. Um loszugehen, schien mir ein «echtes», tiefgründiges Warum nötig. Viele machen den Fehler und suchen Ewigkeiten nach einem solchen vermeintlich richtigen Warum, bevor sie starten. Sie erlauben sich keine weniger tiefgründigen Zwischenschritte wie «Ich will, dass mir Menschen zuhören», «weil ich Geld verdienen will» oder «weil es mir Spaß macht». Diese Gründe werden als selbstsüchtig oder egoistisch abgetan und damit als etwas, das man nicht verfolgen sollte. Das Warum soll groß und zum Wohle anderer sein, ihnen etwas bringen. Das Problem ist, dass du dein Warum zu Beginn nur theoretisch wissen kannst, es aber nicht das ist, das du wirklich siehst. Wenn du dein Business startest, willst du erst mal etwas für dich machen. Das ist absolut in Ordnung, etwas für dich haben zu wollen. In dem Moment, in dem du startest, hast du ja trotzdem den Gedanken, dass du anderen helfen möchtest. Vielleicht ist er noch nicht so tief verinnerlicht und noch nicht so stark, dass du es selbst fühlst oder andere es fühlen können. Das Gefühl kommt mit den ersten Schritten, die du gehst.

Ich stand bei Gedankentanken® auf der Bühne und habe darüber gesprochen, dass es okay ist, wenn du dein Business erst mal für dich machst und kein großes Warum brauchst, um es zu starten. Du darfst es für dich machen, aus Spaß. In dem Moment habe ich intensiv gespürt, warum ich da gerade stand und redete. Ich wollte Menschen ermutigen loszugehen – und zwar für sich loszugehen. Diese Erkenntnis ist auf der Bühne so stark geworden, weil ich darüber gesprochen und die Zuhörer ermutigt habe loszugehen.

Heute ist mein Warum viel größer als damals, aber ich hätte vor einigen Jahren nicht damit starten können. Ich war damals einfach noch nicht die Person, die ich heute bin. Heute weiß ich, dass meine Vision und Mission dem Warum folgen, Menschen in die Fülle zu bringen und sie reich zu machen. Reich nicht nur im Sinne von finanziell oder materiell, sondern auch in ihren Gedanken über Fülle, ihrem Mindset. Ich will ihnen zeigen, dass sie auch ohne materiellen Besitz reich sind.

Geld folgt der Freude und nicht andersherum. Zu oft denken Menschen, dass sie sich erst dann reich fühlen können, wenn sie Geld haben. In Wahrheit ist es so, dass du dich zuerst reich fühlst und damit die Dinge anziehst, die du haben willst. Es ist kein «wenn, dann …», sondern ein «Ich bin es heute im Hier und Jetzt» und «Ich ziehe Reichtum mehr und mehr in mein Leben» – auch auf der materiellen Ebene.

Dein Warum ändert sich auf deinem Weg mit den Erfahrungen, die du machst. Ich selbst hatte noch vor wenigen Jahren sehr limitierende Glaubenssätze zum Thema Geld und Reichtum. Öffentlich zu sagen: «Ich will reich sein», das hätte ich mich niemals getraut. Ich dachte, das sei unmoralisch und ich dürfe es nicht wollen. Man darf doch nur helfen wollen. Meine Mission, andere Menschen reich zu machen, wäre damals unmöglich gewesen. Du darfst dir also erlauben, im Verlauf deines Weges dein Warum zu verändern. Du fühlst, dass du dabei bist, eine andere Persönlichkeit zu werden. Du veränderst dich und verstehst

tiefer, was dein Handeln bewirkt, und erlebst, wie du Menschen hilfst. All diese Erfahrungen führen dazu, dass sich dein Warum verändert und immer tiefer in dir selbst wirkt.

Überlege dir, ohne Bewertung oder Anpassung an vermeintliche Standards, was dich im Moment antreibt. Warum tust du, was du tust? Wenn es dir Spaß macht und dich ernährt, ist es ein guter Anfang.

DIENEN UND LERNEN

Wie bereits im vorherigen Kapitel beschrieben, wird in der Coaching-Branche häufig gesagt, dass du anderen dienen sollst. Am besten selbstlos und nur im Dienst der guten Sache. Du sollst ein großes Warum für deine Tätigkeit haben und das darf nichts damit zu tun haben, dass du sie einfach nur für dich machen willst, weil du Geld verdienen willst oder einfach Spaß an ihr hast. Schließlich kommt Verdienen von Dienen.

Ich sehe das etwas differenzierter. Ja, es ist wichtig, andere zu unterstützen, aber was soll falsch daran sein, dass es gleichzeitig dir und den anderen dient? Was soll falsch daran sein, dass deine Arbeit auch finanziell gut belohnt wird, sie dir viel Freude macht und dich von innen heraus erfüllt? Stell dir vor, du machst das, was du machst, weil du es gut kannst, weil es dir leichtfällt, weil du dabei jeden Tag lernst und dich weiterentwickelst, weil es einfach schön ist, das machen zu dürfen. Und stell dir vor, dass genau das anderen dabei hilft, weil sie genau das in ihrem Leben haben wollen.

Ich komme aus dem sozialen Bereich und weiß, dass es besonders hier oft darum geht, anderen zu helfen, bloß kein Geld dafür zu nehmen und auf gar keinen Fall offenkundig einen Mehrwert in Form von Geld für sich herauszuziehen. Dabei strebt meiner Erfahrung nach jeder Mensch nach Selbstverwirklichung und einem schönen Leben. Und ja, Geld ist ganz praktisch in unserem Leben und macht es doch etwas schöner und einfacher. Denn Geldsorgen, das wissen wir alle, machen auch nicht glücklich.

Ich persönlich finde es unfassbar wichtig, dass ich für mich etwas wählen darf, das ich haben will, weil es mir gefällt. Darin liegt ja schon mein Mehrwert. Wenn ich meine Tätigkeit liebe, habe ich automatisch einen Vorteil davon, und die Menschen um mich herum können es mir gleichtun. Unterbewusst wollen wir alle mehr Freude und Leichtigkeit. Wenn ich diese Freude und Leichtigkeit ausstrahle, werde ich Menschen inspirieren, weil ich mit gutem Beispiel vorangehe. Was ist denn falsch daran, mehr für sich haben zu wollen? Kinder wollen immer mehr haben und erfahren. Sie machen das auf ihre kindliche Art und Weise, ohne zu hinterfragen, ob es moralisch falsch ist.

Ich würde sogar behaupten, dass du erst dann so richtig von Herzen geben kannst, wenn du wirklich mit dir im Einklang bist

und dir das gegeben hast, was du haben willst. Man kann eben nur aus dem Vollen schöpfen.

Warum willst du anderen helfen? Was hast du davon? Was steckt dahinter? So viele Menschen kommen zu mir und erzählen mir, was sie alles in der Welt verändern und wie sie anderen helfen wollen. Natürlich sind das alles moralisch wunderschöne Dinge, weil uns das als tugendhaft vermittelt wird. Natürlich ist nichts falsch daran, nur die meisten von ihnen haben bis dato für sich selbst noch gar nicht das verwirklicht, was sie anderen geben wollen. Es gibt ein anderes Bedürfnis, das erst erfüllt werden darf. Und das kann so etwas sein wie: «Ich will mehr Geld verdienen», «ich will mehr Spaß im Leben haben», «ich will, dass mir Menschen zuhören», «ich will gesehen werden» usw. Die wenigsten trauen sich, wirklich zu sagen, warum sie das machen, was sie machen.

Wenn du selbst dein Glas gefüllt hast, kannst du so richtig von Herzen geben. Wenn du selbst den Weg gegangen bist, weißt du, wie es sich anfühlt, bestimmte Dinge nicht zu haben, z. B. Geld. Du weißt, wie es ist, nicht gesehen zu werden oder sich nicht wertvoll zu fühlen. Du bist den Weg gegangen und kannst dadurch anderen Menschen dabei helfen, ihren Weg zu gehen. Unsere kollektiven Glaubenssätze, dass es egoistisch sei, etwas für sich haben zu wollen, dürfen wir getrost über Bord werfen. Und das ist eine gute Sache, wie ich finde. Für dich und die Welt, die daraus entstehen wird. Denn dann entsteht ein wirkliches Geben und Nehmen.

Es ist erlaubt, etwas für sich selbst haben zu wollen – in meinem Fall war es z. B. die Freude an der Unterstützung durch meinen damaligen Mentor. Ich hatte einfach ein großes Bedürfnis, in seiner Energie und seiner Nähe zu sein. Es ging mir nicht darum, zweckorientiert etwas für ihn zu tun, also etwas zu geben, um etwas zu bekommen. Es war einfach so, dass ich es wollte. Keine Erklärung, mein Gefühl sagte mir: Mach es einfach. Ich habe fast jedes Seminar, alles, was ich irgendwie organisieren konnte, als Crew begleitet. Ich war wie besessen von dieser Energie. Ich fand es gigantisch, zu sehen, wie Tobias Beck auf der Bühne stand, wie er Menschen motivierte, wie die Menschen sich veränderten, nachdem sie die Übungen machten. Es war ein großes Privileg für mich, dabei sein zu dürfen. Bei so viel Spaß und Freude und – ja, ich gebe zu – ganz vielen schlaflosen Nächten habe ich extrem viel gelernt.

Aber ich fing dort nicht an, um zu lernen. Ich habe mich dort einfach beworben, weil … einfach für mich! Mein bewusster Verstand hatte keine Erklärungen dafür. Ich weiß, wie viele mich belächelt haben, warum ich so viel Zeit und Geld investiert, um für jemanden «kostenlos» zu arbeiten.

Ich verfolgte dabei keine Strategie, um ein bestimmtes Ziel zu erreichen, und doch war das eine Zeit, die einfach unbezahlbar war. Ich hätte nirgends besser und tiefer lernen können als unmittelbar in den Seminaren von einem der besten Speaker und Trainer auf dem Markt. Ja, ich habe viel Zeit und Geld investiert,

aber dadurch habe ich Aufgaben übernehmen können, die mir später für meine Karriere von so großer Bedeutung waren, wie ich es mir damals nicht hätte erträumen können. Ich bin unendlich dankbar für diese Zeit und würde es jedes Mal wieder machen.

Was du verstehen darfst, ist, dass du manchmal einfach nur für dich etwas machen darfst, ohne dass du weißt, warum. Denn wir wissen oft erst im Nachgang, wofür es gut war. Wenn du dir und dem Gefühl der Freude folgst, hast du immer gewonnen. Manchmal ist das im ersten Augenblick nicht unbedingt so freudig, denn es erfordert eine klare Entscheidung und liegt außerhalb deiner Komfortzone. Es fängt etwas Neues an, was unser Verstand nicht besonders mag, denn Veränderung fühlt sich gefährlich an. Du weißt aber und spürst, dass es das Richtige ist.

Für mich war es damals eine Überwindung, ein Bewerbungsvideo zu schicken. Ich hatte Angst, dass ich abgelehnt werden würde, und fand mich damals auf Bildern oder Videos auch nicht so toll. Trotzdem habe ich es gemacht. Bis ich eine Antwort hatte, bin ich mehrere Tode gestorben. So hat es sich angefühlt. Auf jeden Fall habe ich damals von Herzen gedient — und zwar zunächst mir, weil es mir Spaß gemacht hat und weil ich gelernt habe. An zweiter Stelle meinem Mentor, weil ich und die anderen sicherlich dazu beigetragen haben, dass die Seminare so stattfinden konnten, wie sie stattgefunden haben. Und auch den Teilnehmern, weil ich sie in ihrem Prozess unterstützen durfte. Immerhin konnte ich mich in jeden Einzelnen hineinversetzen, da ich den Prozess als Teilnehmerin selbst erlebt hatte. Was für ein schönes Win-win-win.

Ich weiß noch, wie ich das erste Mal auf meinen damaligen Mentor traf. Auf der Suche nach inspirierenden Videos stieß ich damals bei YouTube auf Gedankentanken® – dort fand ich sein außergewöhnlich unterhaltsames Video zwischen eher nüchternen und langweiligen Vorträgen. Meine Aufmerksamkeit war vom ersten Moment an auf 200 Prozent. Was habe ich gelacht! 20 Minuten lang habe ich das Gefühl gehabt, er spreche von meinem Leben. Alles, was er sagte, kannte ich irgendwie, aber er tat es auf eine Art und Weise, wie es zuvor noch niemand zum Ausdruck gebracht hatte. Es war kein steifes Weitergeben von Informationen und kein hochprofessioneller Vortrag, sondern locker, lustig und so, dass sich das Gesagte sofort einprägen konnte.

Daraufhin habe ich eine Entscheidung getroffen: Ich werde ihn treffen, ich werde mit ihm zusammenarbeiten, ich werde von ihm lernen. Gedacht, getan.

Und hier besteht der Unterschied zwischen mir und vielen anderen. Ich sage die Dinge nicht einfach so. Mein Wort hat eine Bedeutung. Wenn ich es ausspreche, wenn ich eine kraftvolle Entscheidung treffe, folgen daraufhin kraftvolle Taten. Taten, die außerhalb meiner Komfortzone liegen. Taten, die mir teilweise Angst machen, von denen ich aber weiß, dass sie getan werden

müssen. Ich weiß es einfach. Ich spüre die Grenzen, die da sind, und überwinde sie. Ich erlebe aber, dass viele Menschen etwas dahinsagen und es selbst nicht glauben. Ich erlebe sogar, dass viele irgendwas Tolles sagen, dafür Anerkennung bekommen, dass sie ein Ziel haben und es dann nicht umsetzen. Bei der ersten Herausforderung geben sie auf. Die kurzfristige Anerkennung hat ihnen ausgereicht. Klingt komisch, aber das habe ich schon oft beobachtet.

Also habe ich gegoogelt, wo ich diesen Mann treffen kann. Und natürlich habe ich die Info sehr schnell gefunden. Ich weiß noch genau, es war 2017 in Frankfurt auf der Gedankentanken®-Rednernacht, als ich ihn zum ersten Mal live auf einer Bühne erlebte. Ich saß in der ersten Reihe – wo denn sonst? Ich wollte ja so nah wie möglich am Geschehen sein. Ich wollte alles mitbekommen. Ich weiß noch, wie ich mich dafür extra eine Stunde vor Veranstaltungsbeginn am Eingang anstellte. Mein Mann war leicht genervt, weil er eigentlich in der Mitte sitzen wollte. Aber das war nun wirklich keine Option. Wenn, dann richtig!

Und dann kam er. Mein Speaker-Vorbild von YouTube. Ich habe an seinen Lippen gehangen und Tränen gelacht. Ich war wahnsinnig inspiriert und, so ganz unter uns, ich kam mir vor wie eines dieser quietschenden Mädchen, die den Hoteleingang belagern, wenn eine Boygroup dort einzieht. Ich war hochemotional und wusste, dass ich unbedingt mehr von ihm lernen wollte. Ich wollte auch Menschen begeistern. Ich wollte auch solche Gefühle in Menschen auslösen. Ich wollte auch, dass man mir zuhört. Du merkst schon – ganz viel: ich, ich, ich. Ja, das war nun mal mein Start. Denn all diese Dinge hatte ich noch nicht. Mir sagte man mein Leben lang: «Sei leise, halte dich zurück, du bist zu viel, du bist zu laut.» Und dann steht einer da und erzeugt diese Emotionen in mir. Das wollte ich auch. Ich wollte auf diese Bühne. Fertig. Und das ist okay.

Ich traf die Entscheidung, ihm zu folgen und mehr von ihm zu lernen. Denn ganz ehrlich, wenn mich damals jemand auf die Bühne geschickt hätte, hätte ich nicht gewusst, was und wie ich es erzählen soll. Also war mir klar, dass ich erst mal lernen darf. Und von wem? Von den Besten, die ihr Handwerk beherrschen.

Was du wissen darfst: Zu der Zeit hatte ich kein Business, keinen Instagram-Account, kein Facebook-Profil, nichts. Niemand kannte mich oder hätte mich in den sozialen Medien finden können. Ich war angestellt bei der Caritas und gab nebenher zum Spaß Seminare im sozialen Bereich. Das entstand übrigens daraus, weil ich meine Stelle nicht auf 80 Prozent reduzieren konnte, wie ich es aus dem Verstand heraus wollte. Meine Kinder waren noch relativ klein, 100 Prozent waren mir zu viel und meine Chefin sagte damals: entweder 100 oder 50 Prozent. Damals fand ich das ganz schön doof. Aber im Nachgang bin ich super dankbar, denn deswegen war ich «gezwungen», ein bisschen mehr Geld zu verdienen, und habe nebenher Seminare in Teams gegeben. Übrigens, genau so habe ich früher gedacht: ein bisschen

Geld verdienen, damit es reicht. Das war noch vor ein paar Jahren mein Mindset.

Zurück zu meinem Mentor: Ich buchte also ein Ticket für eine eintägige Veranstaltung, ein VIP-Ticket, denn darin war ein Mittagessen mit ihm persönlich enthalten. So konnte ich ihn auch persönlich kennenlernen.

Bei diesem Seminar bewarb er ein zweitägiges Seminar zum Preis von 2.000 Euro. «Was, so viel Geld? Unverschämt! Wer kann das bezahlen?», dachte ich. «Wie soll ich das bezahlen? Es ist doch viel zu viel. Ich verdiene doch gar nicht so viel Geld. Oh Mann.» Aber diese Stimme in mir sagte immer und immer wieder: Ich will es, ich mache es. Ich habe mich dort gesehen, auch wenn ich keine Ahnung hatte, wie das gehen soll. Fakt war, dass ich im Hier und Jetzt das Geld einfach nicht hatte.

Mit diesen Worten ging ich zum Sales Director. Ich sagte ihm, dass ich es zu diesem Zeitpunkt nicht bezahlen könne, die Zahlung aber Anfang 2018 leisten könne und mich auch erst für Februar 2018 anmelde. Der sagte mir natürlich, dass es dann eben nicht geht. Ich müsse jetzt bezahlen, das Angebot gelte *jetzt*.

«So ein Blödmann!», dachte ich. Ja, so dachte ich früher. Ich bin nicht stolz darauf. Aber auch das hat mich nicht aufgehalten. Ich ging zum nächsten Mitarbeiter und er akzeptierte meine Anmeldung für Februar 2018, sodass mir Zeit blieb, das Geld irgendwie zusammenzubekommen. Und weißt du, es ist immer so: Wenn die Entscheidung erst mal steht, dann zeigen sich Wege, öffnen sich Türen – und natürlich habe ich das Seminar bezahlt.

Das Seminar hat mein Leben komplett verändert. Übrigens habe ich es doch im November 2017 gemacht, was irgendwie verrückt ist. Ich hatte mich für den Februar 2018 angemeldet, aber ein Bestätigungsschreiben für den November 2017 bekommen, was nur zwei Wochen nach dem Kauf war. Ich wusste, es war kein Zufall, und ich machte es mir möglich. Problematisch war an dem Termin zusätzlich, dass ich an diesem Tag hätte arbeiten müssen.

Es gab ganz viele logische Gründe, warum ich das Seminar im November nicht besuchen konnte. Eine Stimme in mir sagte aber, dass es kein Zufall oder Versehen ist, dass ich jetzt eine Einladung bekommen habe. Ich wusste, ich werde geführt. Ich wusste, es muss jetzt sein. Ich habe es mir möglich gemacht und es war einfach unglaublich. Wo ein Wille ist, ist auch ein Weg. Wo kein Wille ist, ist eine Ausrede. Das ist einfach so. Im Kleinen und im Großen. Ich erzähle dir das, damit du fühlst, wie ich Entscheidungen treffe, welche Haltung und Einstellung hinter meinen Entscheidungen liegen und welch ein Vertrauen ich ins Leben habe.

Mein Mentor sagte zu Beginn des Seminars etwas, das mich zutiefst getriggert hat. Ich fand es einerseits frech und andererseits irgendwie augenöffnend. Er sagte zu den 70 Teilnehmern

sinngemäß Folgendes: «Ihr alle hört das Gleiche, ihr seht das Gleiche, ihr habt die gleichen Aufgaben – und doch werden nur einer oder höchstens zwei von euch richtig durch die Decke gehen. Die anderen werden so weitermachen wie bis jetzt.»

Wie kann er so etwas sagen? Es saß tief und hat zwei Erkenntnisse in mir ausgelöst:

1 Ich habe entschieden, ich gehöre zu den zwei, die durch die Decke gehen. Das war eine sehr mächtige Entscheidung, denn ich habe innerlich gezittert. Es kam unvermittelt in meinen Körper und hat mich so gepackt, dass ich fast Angst bekam.

2 Ich habe verstanden, dass es nicht um das Was geht, nicht um das Wissen, denn alle erlangen das gleiche Wissen. Und das hat sehr viel mit mir gemacht. Bis dahin war ich immer auf der Suche nach noch mehr Inhalten. Später habe ich viel mehr darüber gelernt.

Für mich war das Seminar wirklich lebensverändernd. Ich habe so viele Entscheidungen getroffen und so viel gefühlt, was ich schon lange nicht mehr gefühlt habe. Es kam das kleine Mädchen in mir hervor, das so richtig «on fire» war und diese Welt ein Stück besser machen wollte, indem es seinen Weg ging und damit andere inspirierte.

Natürlich gab es wieder eine Möglichkeit, ein Nachfolgeseminar zu buchen. Ich wusste das ja schon im Vorfeld. Deswegen habe ich damals mit meinem Mann gesprochen, der mich gefragt hat: «Du kaufst aber nicht das nächste Seminar, oder?» «Auf gar keinen Fall!», war meine Antwort, und zwar so richtig aus vollstem Herzen. Ich habe es auch so gemeint. Denn wie sollte das noch gehen?

Mein Mentor sagte vor der Mittagspause, dass alle, die wissen wollen, wie man mit ihm weiterarbeiten kann, zum Mittagessen in einen separaten Raum eingeladen seien. Natürlich wollte ich dabei sein – aber nur, um mir anzuhören, was er anbietet, und um zu erleben, wie er verkauft. Auf gar keinen Fall, um etwas zu kaufen. Er erzählte und erzählte, und ich merkte innerlich, dass sich da etwas in mir tat. Wieder spürte ich den inneren Drang, weiterzumachen. Aber ich blieb stark, ich hatte ja meinem Mann versprochen, dass ich nicht weitermachte. Ich war nur hier, um zuzuhören. Dann kam das Angebot, und die ersten fünf Personen, die es buchten, sollten ein noch besseres Angebot erhalten. Ich weiß nicht, wie das passiert ist, denn ich war nicht mehr bei mir. Wie fremdgesteuert bin ich losgerannt und habe mich als Erste angemeldet. Als Erste! Ich habe nicht nachgedacht, ich bin meinem Herzen gefolgt.

Was ich dir damit sagen will: Ja, wir denken viel, aber was wesentlich stärker ist, ist der innere Kompass, der uns führt, unser Herz,

unsere Seele – wie auch immer du es nennen willst. Du hast ein Ziel, und wenn es ein großes Ziel ist, wirst du dich ausdehnen müssen, um es zu erreichen. Denn wenn du das weiterhin tust, was du bis gestern gemacht hast, wirst du die gleichen Ergebnisse erzielen wie bis gestern. Alles, was du bis gestern gedacht, gefühlt und getan hast, erzeugt die Ergebnisse von heute. Willst du morgen andere Ergebnisse, darfst du heute das Denken, Fühlen und Handeln verändern. Für mich eine der stärksten Erfahrungen, die ich bis zu dem Zeitpunkt gemacht hatte.

Und unter uns: Auch ich zweifle und habe Angst. Was ist, wenn ich es nicht schaffe? usw. Damals füllte ich die Anmeldung zwar aus, doch zu Hause angekommen, wieder in der gewohnten Energie und mit den altbekannten Menschen um mich herum, bekam ich Angst. Wieso habe ich mich angemeldet? War ich denn verrückt? Mein Neffe wurde krank, im Geschäft meines Mannes liefen einige Dinge mächtig schief und ich kaufte mir ein Seminar über mehrere Tausend Euro. Das war falsch, wie konnte ich nur? Alles in mir schrie. Was ist denn jetzt richtig? Es war bestimmt falsch.

Ich habe die Anmeldung damals aus vollem Herzen, aus Freude und aus Leichtigkeit, nicht aus dem Verstand heraus ausgefüllt. Ich habe es aus der Perspektive meines zukünftigen Selbst gemacht, weil ich für einen Augenblick gefühlt habe, wie es ist, das Leben zu leben, das ich leben wollte. Ich war verbunden mit meiner Intuition, mit meiner inneren Stimme, mit meiner Göttlich-keit, mit meinem «Higher Self». Wähle hier gern den Begriff, der dir am meisten zusagt, aber du weißt, was ich meine. Der Zweifel und die Angst kamen hingegen aus den gelernten limitierenden Programmierungen, die unterbewusst ablaufen und die ich nicht hinterfragte.

Damals wusste ich das alles nicht und konnte mich und meine Gefühle nicht halten. Es war schrecklich in dieser Zeit und fühlte sich an, als müsste ich sterben. Ich wusste nicht, dass es normal war, dass mein Ego in die Sicherheit zurückkehren wollte. Ich wusste nicht, dass, um in die neue Energiefrequenz zu kommen, ich erst mal durch diese Angst hindurchmusste. Also bin ich von dem Vertrag zurückgetreten.

Ich dachte, mir würde es besser gehen, weil ich erst mal die «Gefahr» abgewendet hatte. Mir ging es nicht besser, denn ständig kreisten meine Gedanken darum, was gewesen wäre, wenn ich es doch gemacht hätte. Ich habe versucht, mich mit logischen Argumenten zu beruhigen: Es ist eh viel zu teuer, so toll wäre es ohnehin nicht, ich habe keine Zeit dafür, es gibt gerade Wichtigeres, ich kann doch nicht einfach für ein Seminar so viel Geld ausgeben, ich muss für meine Familie da sein ...

Diese Argumente, die aus dem bewussten Verstand kamen, konnten mich nur kurzfristig befriedigen. Meinen Impuls und meinen Wunsch, an dem Seminar teilzunehmen, konnten sie jedoch nicht unterdrücken. Immer wieder ist ein so starkes Gefühl in mir hochgekommen: Ich will da einfach hin. Ich konnte es nicht erklären, denn es gab dafür keine vernünftigen Gründe. Heute weiß ich es.

Ich habe meinen Mut zusammengenommen und an das Team geschrieben, dass ich nun doch teilnehmen will. Ich hoffte so sehr, dass es klappen würde. Ich erhielt die Antwort:

1 Der Preis ist gestiegen (du bezahlst immer mehr, wenn du wartest).

2 Der Termin, den ich wahrnehmen wollte, ist ausgebucht.

Ich sah mich aber genau bei dem Termin dort und fühlte: Ich muss dahin. Ich wusste, ich bin dort. Also habe ich nicht losgelassen, mehrfach geschrieben, mein Herz ausgeschüttet, gebettelt, gekämpft und erklärt, warum es für sie gut sein würde, wenn ich dabei wäre. Es ist so aus mir geflossen.

Und dann habe ich losgelassen. Ich dachte mir, wenn es sein soll, wird es zu mir kommen. Wenn nicht, dann mache ich etwas anderes, denn ich habe alles gemacht, was ich machen konnte. Ich habe am Ende die Zusage für den Termin erhalten und auch den ursprünglichen Preis bekommen, für den ich mich angemeldet hatte.

Ich habe alle weiteren Seminare besucht und bin anschließend in der Crew sehr aktiv gewesen. Du erinnerst dich, ich habe ja die Vision gehabt, dass ich von meinem Mentor lerne und mit ihm gemeinsam arbeite. Natürlich hatte ich eine bestimmte Vorstellung davon, wie die Zusammenarbeit aussehen würde. Ich stehe zusammen mit ihm auf der Bühne. Meine Manifestation war damals allerdings noch sehr ungenau: Zusammenarbeit und zusammen auf der Bühne. Nun stand ich mehrere Male mit ihm auf der Bühne, schon deswegen, weil ich zur Crew gehörte. Und dann kam die Zusammenarbeit ganz anders als erwartet zu mir. Ich wurde gefragt, ob ich Lust hätte, in das Sales-Team einzusteigen, da ich ja sowieso ständig Werbung für die Seminare machte. Meine spontane Reaktion war: «Nein, ich will nicht verkaufen.» Das war nicht die Zusammenarbeit, die ich mir gewünscht hatte. Ich ging in den Widerstand. Ich wollte mit ihm zusammenarbeiten, aber nicht für ihn verkaufen. Verkaufen ist schließlich blöd! Dann erinnerte ich mich an meinen ungenauen Wunsch, mit ihm zusammenarbeiten zu wollen. Irgendetwas schien an dem Angebot richtig zu sein, auch wenn ich es nicht genau fassen konnte – also sagte ich doch zu.

Ich hatte es nicht präzise genug formuliert und die Manifestation war nun auf ihre Art da. So habe ich genau das bekommen, was ich in dem Moment «gebraucht» habe. Du bekommst nämlich immer das, was du in dem Moment brauchst, um deinen nächsten Schritt zu gehen. Ich konnte es einfach annehmen und lernen. Also habe

ich «Ja» gesagt und die Chance genutzt. Es war das Beste, was mir passieren konnte. Ich habe dadurch das Verkaufen gelernt und angefangen, es zu lieben. Diese Erfahrungen waren für mich und den Aufbau meines Unternehmens sehr wertvoll. Es hat sich auch hier gezeigt, dass da, wo Widerstände auftreten, die größte Wachstumschance liegt. Ich wollte nicht verkaufen, weil ich mich für die hohen Preise schämte, obwohl ich sie selbst gezahlt hatte und dadurch die größten Veränderungen in meinem Leben erfahren durfte. Meine Bewertung damals war trotzdem, dass das Angebot zu teuer sei. Ich habe damals mit Druck verkauft, weil ich ein ganz anderes Mindset hatte und gedacht habe, dass ich den anderen überzeugen und den Preis rechtfertigen müsse. Heute mache ich es anders, und nur durch die Erfahrung wird mir meine individuelle und leichte Art des Verkaufens bewusst. Mehr dazu erfährst du im Kapitel «Verkaufen».

GEH EINFACH LOS

Im Rahmen eines Seminars, das ich besuchte, ging es darum, sein Business auf der Bühne zu präsentieren und zu verkaufen. Wir waren 25 Teilnehmer und alle außer mir hatten ein Business oder wenigstens ein Konzept. Ich wusste zu dem Zeitpunkt nur, dass ich auf die Bühne und öffentliche Seminare halten wollte. Ich heulte bei einigen Aufgaben, weil ich nicht wusste, was ich präsentieren sollte. Ich hatte den Wunsch, Speakerin zu sein, aber keine Ahnung, worüber ich sprechen sollte. Gefühlt war ich die Einzige ohne Seminarkonzept, aber ich bin eine von denen, die richtig durchgestartet sind, weil ich einfach losgegangen bin. Ohne Konzept, nur mit dem Willen, dass ich auf eine Bühne will und die Menschen genauso berühren möchte, wie mein Mentor damals mich berührt hat.

Während meiner Speaker-Ausbildung hatte ich einige Male die Gelegenheit, auf kleineren Bühnen zu stehen. Ich merkte, dass ich auf Dauer doch keine Speakerin werden mochte. Ein Jahr lang bildete ich sogar Speaker aus, weil ich die Techniken in Seminaren gelernt hatte, aber ich bin keine Speakerin im herkömmlichen Sinne, die von ihren Erfahrungen berichtet und womöglich immer das Gleiche erzählt. Es langweilt mich dann selbst. Jeden Tag auf der Bühne zu stehen, ist nicht mein Ding. Aber das musste ich erst erfahren, um diese Entscheidung für mich zu treffen. Ich bin Trainerin mit viel Trainingserfahrung. Ich liebe es, zu coachen, und ja, ich liebe die Bühne, aber nicht jeden Tag oder mehrmals in der Woche.

Auch die Konzepte, die ich anderen beibringen sollte, waren anders als das, was ich selbst auf der Bühne machte oder heute noch mache. Ich bereite mich vor, und wenn dann während meines Vortrags ein Gedanke kommt, folge ich meiner Intuition und spreche ihn aus. Meine Rede kann dadurch komplett anders verlaufen als geplant, aber ich vertraue meiner Intuition, dass das, was ich sage, in dem Moment genau das Richtige ist. Intuition kommt in den normalen Speaker-Konzepten nicht vor. Solche vorgefertigten Konzepte gefallen mir nicht und ich möchte nicht danach arbeiten. Ich entnehme mir das, was zu mir passt, und den Rest ignoriere ich. Hätte ich mich an alles gehalten, wäre ich heute noch auf der Suche nach meinem Warum und meiner Positionierung, aber nicht da, wo ich bin.

Dieses «einfach machen» unterscheidet mich von anderen Coaches. Ich möchte das nicht bewerten, denn es kann sein, dass es dein Ding ist. Meines ist es eben nicht. Ich sage dir nicht, was du tun sollst, sondern ermuntere dich, es einfach zu tun und deine eigenen Erfahrungen zu machen. Aus der Erfahrung folgen die Erkenntnis und dann die Entscheidung, wie du es haben willst. Danach passt es dann zu 100 Prozent zu dir. Natürlich braucht dieser Weg Mut und vielleicht scheiterst du auch mal. Ich könnte jetzt sagen, dass ich gescheitert bin, weil ich keine Speakerin

geworden bin. Blödsinn! Ich bin nicht gescheitert. Ich habe eine Erfahrung gemacht und entschieden, dass ich sie nicht noch mal machen möchte, zumindest nicht in dieser Intensität. Ich habe mir erst erlaubt, eine Speakerin zu sein und dann, keine mehr zu sein.

Ich liebe es, auf einer Bühne zu stehen und über mich und meine Erfahrungen zu sprechen – nicht über ein bestimmtes Fachthema. Immer das Gleiche ist mir zu langweilig. Ich mache ständig neue Erfahrungen, von denen ich berichten kann. Auch während ich dieses Buch schreibe, mache ich neue Erfahrungen. Darüber erzähle ich dann im nächsten Buch.

Genauso geht es mir mit dem «Thinking into Results»-Programm von Bob Proctor, das ich anbiete. Ich habe es zweimal nach Vorgabe gemacht und entschieden, dass ich es in der Form nicht mehr durchführen möchte. Ich mache eine Erfahrung und entscheide dann, wie ich es haben will. Ich probiere etwas aus und entscheide dann neu. Ich folge erst meinen Mentoren, ich lerne das Konzept, um es dann auf meine Art und Weise zu machen. Einer meiner Mentoren sagt immer wieder: «Lerne die Form, um formlos zu sein.» Ich liebe diesen Satz, denn für mich ist er Gold wert und spiegelt mein Leben wider.

Als Coach gebe ich meinen Teilnehmern in ihrem individuellen Wesen Raum und beobachte, wie sie darin wachsen. Ich frage sie nach ihren Erfahrungen und Erkenntnissen. Ich gebe keine festgefahrenen Konzepte vor. Ich gebe einen Rahmen, in dem individuelle Entwicklung möglich ist.

Wir sind auf der Welt, um uns über Erfahrungen selbst zu erfahren und von den Erfahrungen anderer zu lernen. Wenn du nur Konzepte erstellst und dir überlegst, was passieren könnte, wirst du nicht wachsen. Nur wenn du tust, was du planst, die entsprechende Erfahrung dazu machst, wirst du auch weiterkommen. Meist wirst du überrascht und es kommt anders als erwartet. Dann ist es wichtig, die Kontrolle loszulassen und darauf zu vertrauen, dass alles, was passiert, genau richtig ist. Alles ist *für* dich. Immer. Wenn etwas Unangenehmes passiert, sage ich immer: «Sehr, sehr gut!» und suche nach dem Gefühl, das in dem Moment bei mir hochkommt. Ich suche nach etwas Gutem in der Situation, die mich überrascht. Ich finde meine Erkenntnis und diese kann mir niemand beibringen. Kein Coach, kein Konzept kann mich diese Erfahrung lehren. Und ich kann das umgekehrt auch nicht für dich tun. Aber ich helfe dir dabei und ermuntere dich, deine eigenen Erfahrungen zu machen. Was ich dir anbiete, findest du am Ende des Buches unter «Dein Weg zu mir».

DIE GREATOR®-BÜHNE

2017 eröffnete sich für mich eine komplett neue Welt. Zum ersten Mal war ich bei einer Rednernacht und erlebte beeindruckende Speaker live auf der damaligen Gedankentanken®-Bühne. Ihre emotionalen Reden faszinierten und berührten mich so intensiv, dass ich intuitiv entschied: «Das will ich auch!» Dass ich mir mit diesem eher lapidar dahingesagten Satz unbewusst meinen Auftritt wenige Jahre später manifestiert hatte, wusste ich zu dem Zeitpunkt noch nicht.

2018 begann ich meine einjährige Trainer-Management-Ausbildung bei Greator® (ehemals Gedankentanken®). Jeden Monat fuhr ich für ein Wochenende nach Köln und sammelte viel Wissen und wichtige Erfahrungen. Ich schloss intensive Freundschaften zu den anderen Teilnehmern und dem Team von Greator®. Im Rahmen dieser Ausbildung setzte ich meinen Bühnenauftritt auf mein Visionboard für 2019. Bis Juni 2019 passierte jedoch nichts. Es gab keine Hinweise darauf, dass ich bei der geplanten Veranstaltung im Oktober mit auf der Bühne stehen würde. Ich überlegte, was ich tun musste, um dabei zu sein. «Ich will da hin!», schrie es immer wieder in meinem Kopf. «Ich will auf diese Bühne!» Plötzlich erhielt ich den Impuls, mit einem Teammitglied zu telefonieren, zu dem ich während meiner Ausbildung in Köln eine gute Verbindung aufgebaut hatte. In diesem Telefonat erfuhr ich dann den offiziellen Weg, den die Speaker für die Teilnahme

an der Veranstaltung nehmen mussten. Wer bei diesem Event auf die Bühne ging, hatte vorher eine spezielle Speaker-Ausbildung bei Greator® gemacht, die ich nicht gebucht hatte. Im Telefonat hieß es daher, dass ich keine Chance hätte, teilzunehmen. Ich habe die Aussage gehört, aber nicht als Wahrheit akzeptiert. Ich beendete das Gespräch mit den Worten: «Du rufst mich einfach demnächst an und sagst, dass es klappt, okay?»

Im September, zwei Wochen vor der Veranstaltung, bekam ich eine WhatsApp von dem Teammitglied, mit dem ich telefoniert hatte. Darin hieß es nur: «Ruf mich mal an!» Ich wusste instinktiv, dass das ein sehr gutes Zeichen war, und sollte recht behalten. Ich bekam die Zusage, im Oktober mit auf der Bühne stehen zu dürfen. Zwei Wochen vorher! Zwei! In diesen beiden Wochen bis zu meinem Auftritt war ich komplett mit Seminaren ausgebucht, sodass mir wenig Zeit blieb, mich auf meine Rede vorzubereiten. Letztendlich ist sie erst im Auto auf dem Weg nach Köln entstanden. Ich hatte einige Punkte vorbereitet, zu denen ich sprechen wollte, und überlegte mir während der Fahrt die Details.

In Köln angekommen, erfuhr ich, dass ein Wettbewerb geplant war und die Zuschauer per Abstimmung einen Publikumspreis vergeben sollten. Da rebellierte es wieder in mir. Spontan dachte ich: «So was Bescheuertes, das will ich nicht!» und gleichzeitig: «Geil, will ich haben. Ich will gewinnen!» Ich entschied mich dafür, mich nicht unter Druck zu setzen, sondern es einfach zum Spaß zu machen. So ging ich auf die Bühne mit meinen Stichpunkten im Kopf, fing an zu reden ... und erzählte etwas komplett anderes als geplant. Die wenigen Schwerpunkte behielt ich zwar bei, aber die Details waren völlig anders. Es war eine total intuitive Rede, und während ich sprach, dachte ich: «Oh mein Gott, die Zeit vergeht so schnell!» Am Ende bekam ich nicht nur Standing Ovations, sondern gewann auch mit über 60 Prozent der Stimmen den Zuschauerpreis.

Damals hatte ich noch kein richtiges Business. Viele denken: «Wenn ich dann mal so gesehen werde, dann läuft's» – aber so ist es nicht. Es sind vielmehr verschiedene Puzzleteile, die sich nach und nach zusammenfügen. Nur weil du auf der Greator®-Bühne gestanden hast, bist du nicht automatisch berühmt und ziehst massenweise Kunden an. Wenigen gelingt das, z. B. Tobias Beck. Er ist allerdings nicht mit der Absicht auf die Bühne gegangen, berühmt zu werden. Er wollte einfach nur sprechen – und das hat dann eingeschlagen. Bei mir war die Reaktion danach nur gering, obwohl ich gewonnen hatte. Mein Video hatte nicht den erhofften Erfolg, aber was sollte es? Ich hatte Spaß gehabt und alles war gut. Es geht also nicht allein um die Anzahl an Views oder Followern, sondern darum, die richtigen Follower zu haben, und um deren Kaufkraft. Wie oft glauben wir: je mehr, desto besser? Ich durfte schon ganz oft in meinem Leben feststellen, dass dieser Glaubenssatz definitiv falsch ist und nicht immer zutrifft.

BUSINESS

VERKAUFEN

Zu diesem Thema fällt mir zunächst ein, dass Verkauf für mich überhaupt nicht geht. Ich war gerade erst bei einem Seminar von einem bekannten Verkaufstrainer und dabei ist mir noch mal richtig bewusst geworden, wie Menschen andere Menschen aus dem Argument des Mangels heraus überreden wollen, Dinge zu kaufen, die sie nicht haben wollen.

Die Karten für diese Veranstaltung hatte mein Mann schon 2018 gekauft, aber wir sind nicht hingegangen, weil andere Erfahrungen für uns wichtiger waren. Wir konnten die Teilnahme verschieben. Auch 2019 hat es uns nicht hingezogen, also haben wir wieder verschoben. 2020 und 2021 fand die Veranstaltung nicht statt, erst 2022 hatte ich den Impuls, hinzugehen. Der erste Tag war total anstrengend für mich. Es gab viele gute Informationen, die ich selbst auch an meine Teilnehmer weitergebe, aber die Energie war schwer. Ich habe den Trainer nicht gefühlt. Ich habe nicht gefühlt, was er gesagt hat. Für mich war es nicht kongruent. Er sprach von Leichtigkeit und hat seinen 2.000 Teilnehmern gleichzeitig mit enormem Druck die Informationen um die Ohren gehauen. Ich merkte, dass mich das total anstrengt, wenn ohne

Pause massenhaft Inhalte abgefeuert werden. In mir kam mein Fluchtinstinkt hoch, doch ich habe mir gesagt, dass es für irgendetwas gut ist, dieses Seminar zu erleben. Dieser Fluchtinstinkt, dem ich nicht folge, ist ein Teil meines Erfolges. Dabei kann ich mich gut auf meine Intuition verlassen, die mir zuverlässig sagt, wann es Zeit ist, zu gehen. So wie damals, als ich als kleines Mädchen auf dem Hocker stand. Ich halte es einen Moment lang aus und entscheide dann, zu bleiben oder zu fliehen.

Am nächsten Tag ging es weiter mit der Bombardierung mit Inhalten. Es ging auch hier um die universellen Gesetze, aber es war anstrengend. Irgendwann begann der Verkaufsteil, bei dem Prospekte verteilt wurden. Wir überlegten, ob wir uns den Pitch ansehen wollten, und blieben. Also hörten wir, wie Einwände vorweggenommen wurden, dass die Preise seit zehn Jahren stabil seien. Und dann hieß es: «Weil du heute hier bist, erhältst du einen Sonderpreis.» Danach rollte die Bonus-Lawine los: 1.000 Euro weniger für das Folgeseminar, fünf VIP-Tickets für die nächste Großveranstaltung mit Feuerlauf, DVD-Paket, zwei Bücher, alle Onlinekurse gratis und wenn du es zu zweit buchst, zahlt die zweite Person nur die Hälfte und erhält auch alles Genannte. Und die dritte Person durfte sogar kostenfrei an allem teilnehmen. Es war beeindruckend, was diese Befeuerung in mir bewirkte. Ich suchte nach Gründen, das Angebot zu kaufen, und zwar aus dem Mangel heraus. Feuerlauf? So günstig gibt es das nirgendwo! Dritte Person gratis? Dann könnten wir es als Teamevent machen!

Vier Tage in einem tollen Hotel, mit drei Personen eine geile Zeit haben – und alles für nur 2.700 Euro? Ich muss gestehen, dass wir es gekauft haben. Wir haben uns vor Ort angemeldet und die ersten Geschenke mitgenommen. Wir sind dem Trigger erlegen, dass wir durch die ganzen Boni quasi Geld geschenkt bekommen. Als wir nach der Veranstaltung essen gegangen sind, haben wir uns gefragt, ob wir uns mit der Entscheidung wohlfühlen. Wir waren uns sofort einig: Nein. Wenn ich wollte, würde ich dann mit diesem Trainer Zeit verbringen wollen? Nein. Meine Zeit ist wertvoll. Bevor ich für ein weiteres Seminar mit ihm Geld ausgebe, verbringe ich lieber ein schönes Wellness-Wochenende für das gleiche Geld und habe wirklich eine schöne Zeit. Uns wurde bewusst, wie sehr der Mangel in uns getriggert wurde und dass wir glaubten, etwas zu verpassen, wenn wir nicht buchen würden. Wir fragten uns, ob wir den Impuls hatten, zum gekauften Event zu gehen, und verneinten beide. Um diese Erfahrung bewusst zu erleben, war ich bei dieser Veranstaltung. Ich habe erkannt, dass ich alles genau anders mache und aus der Fülle heraus verkaufe. Ich frage meine Teilnehmer immer, ob sie den Impuls haben, etwas zu buchen. Wenn ja, dann sollen sie es tun, wenn nicht, dann nicht. Dann mache ich ein Angebot, damit sie es einfacher haben, sich jetzt zu entscheiden. Kein «No-Brainer», wie man in der Coaching-Szene sagt, also ein Angebot, das so günstig ist, dass du glaubst, du würdest sogar noch Geld dazubekommen, wenn du es kaufst. Das gibt dir das Gefühl, du seist ganz schön doof, wenn du nicht kaufen würdest. Und zwar egal, ob du das Angebot willst oder nicht. Die Entscheidungsgrundlage ist das unglaublich «billige» Produkt und nicht deine Herzensentscheidung. Ich mache ein Angebot und spreche dabei die Menschen an, die letztendlich schon längst wissen, dass sie es machen wollen. Ich helfe ihnen, sich *jetzt* zu entscheiden, indem ich ein Angebot mache. Ein Angebot von mir ist nur dazu da, damit sich jemand leichter entscheidet, denn die Entscheidung ist schon vorher gefallen – und die ist unabhängig vom Preis. Der Impuls kommt vor der «Kopf»-Entscheidung, deswegen frage ich auch, ob der Impuls da war, und spreche die Menschen an, die wirklich mit mir den Weg gehen wollen. Wenn der Impuls da war, ist es nur noch eine Geschichte, die sich Menschen erzählen, warum sie diesem Impuls nicht folgen. Mit meinem Angebot mache ich die Geschichte kleiner.

Bei dem genannten Trainer war es genau andersherum. Er hat mir erzählt, dass ich dumm sei, das Produkt nicht zu kaufen, weil ich ja so viel geschenkt bekäme. Als ich das erkannt habe, war ich erleichtert. Mir ist klar geworden, dass ich aus einer ganz anderen Energie heraus verkaufe. Ich will kein Verlangen aus Mangel in den Menschen hervorrufen. Ich will, dass meine Teilnehmer mich fühlen und deshalb bei mir buchen. Meine Teilnehmer fühlen den Mehrwert, den ich ihnen gebe. Bei mir gibt es kein Angebot nach dem Motto: «Geiz ist geil» oder «Kauf jetzt, weil es so billig ist». Verkaufen heißt bei mir, aus dem Herzen heraus das anzubieten, was ich habe. Ich liebe, was ich tue, und das spüren die Menschen. Ich verkörpere mein Angebot und liebe es, darüber zu reden. Ich will nicht, dass meine Teilnehmer buchen, weil sie glauben, dass sie etwas verpassen, oder weil sie Geld sparen können. Natürlich verpassen sie etwas, aber nur, weil sie ihrem Impuls nicht folgen, wenn sie ihn haben. Wenn sie ihn nicht haben oder nicht spüren können, ist es jetzt nicht der Zeitpunkt – und ich bin vielleicht auch nicht die richtige Mentorin für sie. Und das ist okay.

Der Vollständigkeit halber noch kurz der weitere Verlauf meiner Seminarerfahrung: Als wir nach dem Essen zu Hause ankamen, habe ich sofort per Mail einen Widerruf versendet, und trotzdem zwei Tage später eine Rechnung erhalten. Die Details der unschönen Art, wie ich behandelt wurde, erspare ich dir. Es ging darum, dass es angeblich nicht möglich sei, zurückzutreten. Der Druck, den der Trainer auf der Bühne ausgeübt hatte, war auch in den erhitzten Telefonaten zu spüren. Erst als mein Mann sagte: «Ich weiß, es gibt Leute, mit denen ihr das so machen könnt. Mit uns nicht. Wir bezahlen diese Rechnung nicht!», war der Fall erledigt. Wir haben alle Materialien ungeöffnet in ein Paket gepackt und zurückgeschickt. Im Paket lag ein Zettel, auf dem stand: Danke für diese Erfahrung.

Wichtig ist bei dieser Geschichte, dass ich aus der Bewertung, es sei nicht richtig, herausgegangen bin und mich habe inspirieren lassen. Ich bin sehr dankbar für diese Erfahrung, die mich erkennen ließ, was mir wichtig ist und worauf ich Wert lege. Ich mache es anders, aber deswegen ist meine Art nicht besser oder schlechter. Es ist eben meine Art zu verkaufen. Auch ich lerne und verändere mich stetig.

Immer wenn wir etwas bewerten oder in Widerstand zu etwas gehen, bestellen wir es für uns ab und erlauben uns eine womöglich wertvolle Erfahrung. Deine Seele zeigt dir durch die Impulse, wozu sie sich hingezogen fühlt. Aber dein Verstand lässt es nicht zu oder erlaubt es dir nicht. Er meint, dass es nicht möglich ist oder du es nicht kannst. Deshalb kommt eine Bewertung und du hältst etwas für blöd oder unmöglich. Das ist einfacher für dein Ego, weil du dich damit nicht weiter auseinandersetzen musst.

Wenn du dich auseinandersetzt, egal womit, lernst du und machst deine eigenen Erfahrungen. Unabhängig von den Vorgaben anderer Menschen oder eines Trainers.

Ich sage dir nicht, was du zu tun hast. Ich will nicht, dass du von mir abhängig bist. Ich kann dir einen Weg zeigen, aber gehen musst du ihn selbst. Wenn dir jemand vorgibt, was du zu tun hast, bist du von ihm abhängig und übergehst möglicherweise deine Intuition, die ganz andere Erfahrungen machen möchte. Niemand kann deine Intuition ersetzen oder Lernprozess für dich machen. Ich kann dir nur von meinen Erkenntnissen berichten, aber dir deine nicht vorhersagen. Erkenntnis ist einzigartig und nur du weißt, welches Geschenk sich dahinter für dich verbirgt. Du darfst aus deiner Erkenntnis heraus überlegen, was du noch mehr Gutes für dich tun kannst. Wenn ich es dir sage, wird es niemals die gleiche Kraft haben, als wenn du es selbst erfahren würdest. Deshalb spreche ich in den Calls mit meinen Kunden viel von mir und gebe ihnen die Möglichkeit, herauszufinden, was es mit ihnen zu tun hat. Triggert sie etwas? Sehr, sehr gut. Welches Geschenk steckt dahinter?

AUS DER FÜLLE HERAUS VERKAUFEN

Hier gilt ganz besonders der Satz: Es kommt nicht darauf an, *was* du machst, sondern *wie* du es machst. Ich verkaufe mit dem Gedanken, dass das, was schon da ist, perfekt ist. Mein Angebot mache ich Menschen, von denen ich weiß, dass sie den Weg mit mir gehen wollen. Ich muss nicht erst einen Mangel in ihnen erzeugen. Viele Verkaufsskripts sind so ausgelegt, dem Gegenüber erst mal klarzumachen, dass es ein Problem hat. Das ist grundsätzlich nicht falsch, sondern kann zunächst dazu führen, dass sich das Bewusstsein für etwas erweitert. Wenn ich als Verkäufer die ganze Zeit denke, dass ich Mangel erzeuge und den Kunden erst dazu bringen muss, dass er kauft, ist das für mich keine Fülle. Anders ist es, wenn ich einfach von mir erzähle und wie ich meinen Weg gegangen bin. Ich zeige bewusst auf, welche

Prozesse im Kopf stattfinden. Das führt dazu, dass mein Gegenüber denkt: «Ja, das ist bei mir auch so.»

Wenn ich aus der Fülle heraus verkaufe, ist es mein Ziel, neue Räume zu öffnen und Energien freizusetzen, die das Bewusstsein erweitern. Wenn ich verkaufe, denke ich nicht die ganze Zeit darüber nach, dass ich verkaufen muss und das Geld haben will. Gleichzeitig bin ich immer offen dafür, Geld zu empfangen. Ich sage auch nicht so etwas wie: «Kauf bloß nicht.» Es ist eine Balance zwischen: Mir ist es egal, ob du es jetzt kaufst, und gleichzeitig ist es mir nicht egal. Beides existiert parallel. Ich verkaufe meine Produkte, weil ich es liebe, darüber zu sprechen, was mir geholfen hat, ein erfolgreiches Business aufzubauen. Ich spreche darüber, wie ich die universellen Gesetze verstehe und wie sie mir geholfen haben, mehr zu mir zu stehen und die Beate zu sein, die ich immer sein wollte. Ich habe erfahren, dass meine Erfahrungen und die Art, wie ich sie weitergebe, auch anderen dabei helfen, ein glückliches und erfolgreiches Leben zu leben.

Natürlich verdiene ich Geld, was zu einem erfolgreichen Business dazugehört. Ohne Einnahmen existiert kein Business. Für mich gibt es aber kein: entweder helfen oder Geld verdienen. Das eine bedingt das andere. Je mehr Menschen ich helfe, desto mehr Geld kommt zu mir. Je mehr Menschen mich kennen und von mir lernen, desto mehr Geld kommt in mein Leben. Dieses Geld kann ich immer wieder investieren, um einen noch besseren Service und bessere Produkte für meine Kunden zu entwickeln.

Je besser die Produkte und je größer die Erfolge meiner Kunden, desto mehr Menschen werden zu mir kommen.

Meine Mission ist es, Bewusstsein zu erweitern und aufzuzeigen, dass ein erfolgreiches Leben in Fülle auch für dich möglich ist. Dafür muss ich selbst in der Fülle sein. Das heißt z. B., dass ich weiß, dass ich immer Kunden habe. Ob du bei mir kaufst oder nicht, das ist nicht relevant, weil ich weiß, dass ich immer Kunden habe. Kunden finden immer zu mir. Das ist meine tiefe innere Überzeugung, aus welcher heraus ich lebe. Auch wenn ich in einem Raum bin, in dem niemand kauft, kann ich voller Liebe erzählen, was ich zu bieten habe. Ich bin nicht darauf angewiesen, dass jemand etwas von mir kauft, um glücklich zu sein. Deshalb versuche ich nicht mit aller Kraft, die Menschen zu überzeugen, sondern gehe davon aus, dass die, die in meinem Raum sind, sowieso den Weg mit mir gehen wollen. Sonst würden sie sich gar nicht die Zeit nehmen, mir zuzuhören. Jetzt geht es darum, die Menschen zu motivieren, eine Entscheidung zu treffen – und zwar für oder gegen mich. Ich muss nicht alles dafür tun, damit jemand «Ja» sagt, wenn er es gerade nicht möchte. Das Blödeste, das passieren kann, ist, wenn mein Gegenüber sagt: «Ich würde gern, aber …» Da weiß ich schon, dass irgendeine Limitierung im Hintergrund wirkt. Die wichtigste Frage heißt: Willst du oder willst du nicht? Ich bin davon überzeugt, dass wir es uns auch möglich machen können, wenn wir etwas haben wollen. Wenn der Zeitpunkt gerade nicht der richtige ist, aus welchen Gründen auch immer, sage ich nicht: «Ich würde gern, aber ...» Ich sage dann ganz klar: «Ich will es gerade nicht.» Punkt. Denn ich sage meinem Unterbewusstsein immer und immer wieder: Wenn ich etwas wirklich haben will, mache ich es mir möglich. Und das stimmt. Wir wollen in der Regel meist das, was wir uns möglich machen können. Manchmal ist es nicht sofort da, aber wenn es uns wichtig ist, bleiben wir dran und hören nicht auf, bis es da ist.

Früher dachte ich, dass es die Inhalte sind, warum ich ein bestimmtes Coaching oder ein Seminar gebucht habe. Heute weiß ich, dass mich die Energie der Person anzieht, die etwas anbietet. Ich fühle mich hingezogen, weil die Person etwas hat, was ich auch haben will. Sie ist mir ein paar Erfahrungen in bestimmten Bereichen voraus, aus denen ich lernen kann. In der Regel bedeutet das für mich eine Abkürzung. Die meisten Coaches, Trainer und Berater sind supergut in dem, was sie tun, aber sie sind keine guten Unternehmer, weil sie Geld nicht verstehen und weil sie nicht verkaufen können. Die meisten trauen sich noch nicht mal, zu verkaufen oder selbstbewusst ihren Preis zu nennen. Sie haben Angst, dass sie nicht verkaufen, noch bevor sie nicht verkauft haben. Und das spürt dein Gegenüber. Wenn du nicht glaubst, dass das, was du zu geben hast, etwas wert ist, wird es dein Gegenüber auch nicht tun. Wenn du selbst zweifelst, wird dein Kunde zweifeln, weil du die Zweifel und Unsicherheit ausstrahlen wirst. Du kennst sicherlich Situationen, in denen Menschen etwas erzählen, und du kannst es einfach nicht glauben. Du spürst, dass da etwas anderes mitschwingt als die Worte, die gesagt werden. Verkaufen, ganz einfach erklärt, bedeutet: Du hast etwas zu geben und bietest es an. Dein Gegenüber entscheidet, ob es das annimmt oder nicht. Verkaufen ist für mich ein aktiver Part aus Kundensicht. Der Kunde muss entscheiden, nicht ich als Verkäufer. Ich helfe ihm nur, das Richtige für sich zu kaufen. Mehr ist es nicht.

Ich mache auch Angebote für bestimmte Zeiträume. Es geht auch hier nicht darum, *was* du machst, sondern *wie*. Du kannst ein Angebot machen, um starken Mangel zu erzeugen, sodass der Kunde denkt, er verpasse etwas. Möglicherweise kauft er dann etwas, das er nicht haben will. Oder du sagst, dass sich der Kunde jetzt entscheiden soll und für diese Entscheidung belohnt wird. Wenn du dich jetzt entscheidest, bekommst du einen zusätzlichen Bonus. Bonus aber nicht im Sinne von «und das noch und das noch», was dir das Gefühl gibt, dass du am Ende noch Geld gewinnst und dumm bist, wenn du es nicht kaufst. Ich kenne das von mir selbst auch. Wie oft habe ich schon reduzierte Klamotten gekauft, weil ich dachte, dass ich Geld geschenkt bekomme? Ich habe sie dann nie angezogen. Kennst du das, dass du Dinge kaufst, die du eigentlich nicht haben willst, du aber den Eindruck hast, sie haben zu müssen, weil sie so günstig sind? Es ist sicher günstig im Vergleich zu dem, was es ursprünglich gekostet hat, aber wenn du es nicht haben willst, bezahlst du immer mehr.

Wenn du in einem höheren Preissegment verkaufst, hast du den Vorteil, dass das Commitment der Kunden größer ist. In dem Moment, in dem sie sich dafür entscheiden, mehr Geld in sich zu investieren, steigt das Commitment enorm. Sie kaufen dann nicht mehr nur irgendetwas, sondern geben dem eine andere Bedeutung. Es wird wichtiger für sie, sie sind aufmerksamer und motivierter. Wenn sie dann das Angebot bekommen, das zeitlich begrenzt ist, verstehen sie, dass ihre Chance gekommen ist. Sie handeln dann sofort und warten nicht mehr ab. Ich selbst liebe Angebote! Wenn es keine Angebote geben würde, hätte ich mich nie entschieden, in die ersten Seminare zu gehen, von denen ich in anderen Kapiteln schon berichtet habe. Mein Muster früher war: «Ich mache es später». Durch das Angebot wusste ich, dass ich später mehr bezahlen würde, und das wollte ich nicht. Wenn ich es sowieso machen wollte, warum sollte ich mich nicht gleich verbindlich zeigen? Heute weiß ich, dass es nur das *Jetzt* gibt. Das *Später* war für mich die Ausrede, mich nicht sofort zu entscheiden. Ich brauche manchmal einen kleinen Schubser – und wenn der Preis attraktiv ist, macht das was mit mir. Ich freue mich, wenn ich für etwas, das ich haben will, weniger bezahle. Ich habe auch schon sehr oft mehr bezahlt, weil ich die Entscheidung nicht getroffen habe, zum Beispiel bei einer Flugbuchung. Wir wollten das erste Mal als Familie in der Businessclass fliegen. Das hat schon was mit mir gemacht, da die Kosten dafür höher waren als das, was wir früher für einen ganzen Urlaub bezahlt hatten. Mein «Higher Self» bucht definitiv Businessclass, aber ich konnte mich nicht entscheiden bzw. habe mich nicht getraut, denn es war extrem viel Geld für mich. Ich habe die Entscheidung hinausgezögert. Das ganze Wochenende haben mich die Flüge gedanklich beschäftigt, die Nicht-Entscheidung hat mich total fertiggemacht. Du denkst die ganze Zeit darüber nach, weißt eigentlich, dass du es willst, traust dich aber nicht. Du sagst deinem Unterbewusstsein damit, dass du deiner Intuition nicht vertrauen kannst. Was ist, wenn etwas schiefläuft, wenn ich das Geld anschließend nicht mehr verdiene? Ich habe das ganze Wochenende herumgemeckert und gejammert. Schließlich waren die Flüge 1.000 Euro teurer, und es gab nicht mehr für alle ein Businessclass-Ticket. Meine Erfahrung zeigt immer wieder: Wenn du wartest, zahlst du mehr.

Grundsätzlich lerne ich jeden Tag mehr, mich vom Preis unabhängig zu machen und nur dann zu kaufen, wenn ich etwas wirklich haben will – und nicht, weil es gerade günstig ist. Umgekehrt darf der Grund, nicht zu kaufen, nicht primär darin liegen, dass ich es mir nicht leisten kann.

Ich selbst investiere sehr gern in Mentorings und lasse mich begleiten. Gleichzeitig gab es schon Zeiten, in denen ich fühlte, dass ich es in dem Moment nicht mochte. Einfach weil. Ohne Erklärung. Ich entscheide dann nicht nach Preis, sondern danach, wie ich mich fühle und was ich möchte. Wenn es mich zu jemandem ins Coaching zieht, dann überlege ich, wie ich es mir finanziell und zeitlich möglich machen kann. Auch Zeit ist, genau wie der Preis, eine Illusion. Zeit haben ist meistens eine Frage des Fokus.

Wenn es heißt: «Ich will, aber ...», steckt oft ein limitierender Glaubenssatz dahinter. Du erzählst dir lediglich eine Geschichte darüber, warum etwas nicht funktioniert. Die beiden häufigsten Geschichten sind: keine Zeit, kein Geld. Und einen Mangel an Zeit als Argument gegen ein Coaching anzubringen, wenn man zwei Stunden in meinem Call war, sich jeden Tag Instagram-Stories und meine Videos ansieht, ist wenig überzeugend. Ein Widerspruch in sich. Diese Personen holen sich ihre Infos von überall, anstatt sich für ein Coaching zu verpflichten, in dem sie alles gebündelt vermittelt bekommen. In einem Coaching ist es viel leichter, den Fokus zu halten, als beim Einsammeln von verschiedenen Quellen. Ein Mangel an Zeit ist nie das Problem, sondern meist eine Frage des Fokus. Das vermeintliche Argument «keine Zeit» gilt für alle Bereiche und besagt, dass dir etwas gerade nicht so wichtig ist und du etwas anderes vorziehst. Keine Zeit zu haben, ist also auch eine Entscheidung, denn Zeit ist genug da. Wenn du merkst, dass du zu viel Zeit für irgendetwas anderes verwendest, ist die Frage, wie du es reduzierst und dadurch mehr Zeit für das bekommst, was du machen willst.

Auch «kein Geld» ist häufig eine Ausrede. Dieser Glaubenssatz ist extrem schlimm, weil du dir damit die Tatsache kreierst, kein Geld zu haben und die Geschichte vom «Kein-Geld-Haben» stärkst.

Als ich im sozialen Bereich angestellt war, habe ich viel Geld in mich investiert. Das waren mehrere Gehälter, die ich in meine Weiterbildung investiert habe, denn diese Seminare haben mir mehr gebracht als die, die vom Arbeitgeber bezahlt wurden. Das war ein anderes Commitment, ein anderes Lernen, das mir viel mehr Spaß gemacht und mich weitergebracht hat. Ich habe als Vollzeitangestellte sowohl Zeit als auch Geld dafür gefunden, weil ich mir die Frage gestellt habe: «Wie mache ich es mir möglich?»

Die Frage «Wie mache ich es möglich, dass Geld zu mir kommt?» ist ein echter Gamechanger. Wir denken meist zu eindimensional und schauen nur auf unser Konto, auf dem das Geld fehlt. Ich hatte schon Kunden, die sich für mich entschieden und dann auf einmal irgendwo ein Sparbuch gefunden haben, auf dem 10.000 Euro waren. Sie haben nicht mehr gewusst, dass sie das Geld hatten. Das liegt auch hier daran, dass du die Wahrnehmung für andere Dinge öffnest. Eine andere Kundin hat, einfach so, das Geld von einem Freund geliehen bekommen und es nach und nach zurückgezahlt. Sie hat sich so auf das Coaching eingelassen und es so intensiv umgesetzt, weil sie zum einen committed war und zum anderen das Geld schnell zurückzahlen wollte. Das ist die Ausdehnung, denn du lädst Geld in irgendeiner Form in dein Leben ein und machst daraus dein neues Normal. Der Geldfluss wird zu deinem neuen Normalzustand.

Es heißt, Geld müsse in Bewegung bleiben, und ich glaube auch, dass Geld frei sein will. Geld liebt es, unterwegs zu sein. Ich vergleiche das gern mit einem Partner, dem man verbietet wegzugehen und den man einsperrt. Der wird auch alles Mögliche tun, um von dir wegzukommen, weil er sich so eingeengt fühlt. Für Geld gilt Ähnliches: Wenn es dir Freiheit geben soll, darfst du es nicht einsperren.

Es braucht Vertrauen, das Geld fließen zu lassen. Mit steigendem Einkommen steigen automatisch auch die Ausgaben. Es ist ein purer Nervenkitzel, sechsstellige Ausgaben im Monat zu haben und darauf zu vertrauen, dass die Einnahmen weiterhin stabil bleiben. Das gelingt nicht allen. Wenn es gelingt, dann wird es dein neues Normal. Das gilt fürs Geld genauso wie für das Erreichen von Zielen oder Träumen. Ich programmiere mich mit dem Satz «mein neues Normal», weil ich dann weiterhin Entscheidungen treffen und meinen Impulsen folgen darf. Ich vertraue weiter, dass es so bleibt. Ich sage nicht, dass es nur Glück sei oder ich auf das alte Niveau zurückfallen könnte.

Alle anderen Geschichten, neben Geld und Zeit, zeugen letztlich davon, dass du dir selbst nicht vertraust und Dinge für dich als unmöglich ansiehst. Dann sagst du unterbewusst: Die kann das, aber ich nicht. Das habe ich auch viele Jahre gedacht. Ich habe andere auf ein Podest gestellt und dachte, dass sie etwas ganz Besonderes sind. Sie haben die Weisheit mit Löffeln gefressen, aber bei mir ist das anders. Ich komme aus Polen, bin dort aufgewachsen, habe im sozialen Bereich gearbeitet – wie soll das für mich funktionieren? Jedes Mal, wenn du das so machst, bestellst du etwas ab und etablierst deine vermeintliche Wahrheit, dass es nichts für dich ist. «So sei es!», ruft das Universum dann. Aus der Fülle heraus ist für alle genug da, aber du willst dir deinen Anteil nicht nehmen. Das ist, als würdest du an einem Buffet stehen und dir selbst nur wenig nehmen, damit für die anderen genug übrig bleibt. «Ich hatte schon genug», geht dir durch den Kopf. Oder das berühmte Anstandsstück auf der Kuchenplatte, das niemand nimmt: Ich nehme es, wenn ich es möchte, und manchmal frage ich, ob es jemand anderes noch möchte. Denn dann könnten wir immer noch teilen. Allein das Wort «Anstands»-Stück! Viel zu oft nehmen wir etwas «aus Anstand» nicht, weil wir glauben, dass es sich nicht gehöre. So ist es auch mit Reichtum.

Ein weiterer Grund, warum Menschen nicht kaufen: Sie vertrauen dir als Coach nicht. Wenn du selbst Coach oder Trainer bist, frage dich an dieser Stelle mal, inwieweit du dir selbst vertraust? Wie sehr zeigst du, dass du kompetent bist? Was hältst du noch zurück? Meist bist du es selbst, der dieses Vertrauen nicht nach außen trägt. Letztendlich sind alle Argumente, die dir begegnen, ein Spiegel dessen, was du selbst denkst. Wie oft denkst du, dass deine Kunden kein Geld haben, und machst deswegen einen bestimmten Preis, weil du glaubst, dass es dann eher gekauft wird?

Meine Erfahrung bei meinem letzten Launch war, dass mein günstiges Angebot für 6.000 Euro fast gar nicht gekauft wurde. Ich dachte, dass das Angebot unschlagbar sei, aber das Universum hat mich gelehrt, dass es nichts mit dem Preis zu tun hat, ob ich verkaufe. Das Produkt für 10.000 Euro hingegen habe ich in den ersten zwei Tagen fast 20-mal verkauft. Es hat also nichts mit einem günstigen Preis zu tun, wie viel du verkaufst oder nicht. Ich habe die Erfahrung gemacht, dass der Aufwand, einen Kunden zu gewinnen, der gleiche ist, unabhängig davon, wie hoch der Preis ist. Die Frage ist vielmehr: Welcher Preis ist für dich attraktiv und passt energetisch zu dir und zu deinen Kunden?

ZIELE

Über Ziele habe ich schon so viel gehört, gelesen und erfahren. Ich habe mir viele Ziele gesetzt und es hat trotzdem nicht funktioniert. Kennst du das auch?

Sich Ziele zu setzen, ist sehr wichtig, und ich liebe es, mir Ziele zu setzen. Es hat etwas mit Phantasie zu tun und damit, dass ich mir meine Welt erschaffe, meine Realität neu gestalte – so, wie ich sie haben will. Ziele geben mir Orientierung und motivieren mich, in eine Richtung zu gehen, die ich gewählt habe. Ziele sind nicht dafür da, um sie in erster Linie zu erreichen, sondern um mich zu motivieren und in Bewegung zu setzen. Das wird uns oft anders beigebracht, weshalb wir uns eher kleinere Ziele setzen.

Ich erinnere mich, wie lange ich selbst als Trainerin andere gelehrt habe, sich smarte Ziele zu setzen. Kennst du den Begriff der «smarten Ziele»?

Zunächst ein paar kurze Erläuterungen zur geläufigen SMART-Formel für Ziele, die auch heute noch in vielen großen Unternehmen gelehrt wird und die ich selbst schon in meinem eigenen Buch beschrieben habe.

Ich habe mir selbst Ziele nach dieser Formel gesetzt, und es stimmt auch vieles an dieser Formel, aber für mich passt es nicht mehr zu 100 Prozent.

«S» steht für *spezifisch,* und dieser Punkt, dass die Ziele spezifisch sein sollen, ist hervorragend. Es macht viel Sinn, sein Ziel so konkret wie möglich zu benennen. Diesen Schritt führe ich jeden Morgen aus, wenn ich mir überlege, wie mein Leben aussehen soll. Ich schreibe es so konkret wie möglich in mein Journal. Ich überlege mir, wie ich leben will, was ich sehe, wie ich mich dabei fühle. Gerade auch beim Thema Geld ist es wichtig, sich so konkret wie möglich zu überlegen, welche Summen monatlich zu dir fließen sollen. Viele trauen sich das nicht. Zu Beginn der Zusammenarbeit mit mir sagen die Teilnehmer häufig: «Geld ist nicht so wichtig. Ich kann das nicht so genau sagen. Ich will einfach nur mehr Geld.» Was genau heißt aber «mehr Geld»? Für das Universum ist diese Angabe zu ungenau. Wenn du auf der Straße zehn Cent findest, hast du mehr Geld als vorher, aber das ist nicht das, was du möchtest, oder? Also ist es gerade auch beim Thema Geld wichtig, dass du dir eine Summe aufschreibst, die du mehr haben möchtest. Dabei fühlen sich viele unwohl, weil dieser Betrag meist so weit über ihrem jetzigen Maßstab ist. Das fühlt sich für viele sehr abgehoben an, da tauchen Glaubenssätze auf wie «Das kann man doch nicht wollen». Es erscheint total unerreichbar. An dieser Stelle kann ich nur sagen: Trau dich, mach einfach mal! Das setzt voraus, dass du es dir erst mal erlaubst, von so viel Geld zu träumen. In deiner inneren Welt darf es so viel Geld geben. Das Universum ist unendlich, und du trägst das Universum in dir. Also darf es auch in deiner inneren Welt viel

Geld geben. Natürlich scheint es jetzt erst mal unerreichbar, weil deine Glaubenssätze, die du bis gestern hattest, deine jetzige Realität erschaffen haben. Das ist erst mal unbequem und anders als dein gestriges Normal. Aber du willst ja auch etwas anderes erschaffen, deshalb musst du auch anfangen, etwas anderes zu denken und zu tun. Stell dir zur Übung jetzt mal vor, dass du das Doppelte von dem verdienst, was du gerade an Einkommen hast. Und dann verdopple diese Zahl noch einmal. Welches Gefühl kommt da bei dir hoch? Stell dir vor, dass du dieses Einkommen erreichst. Wie sieht dein Leben dann aus? Wo wohnst du? Wie reist du? Mit wem bist du zusammen? Welche Kleidung trägst du? Dieses Vorgehen kennst du bereits vom Manifestieren.

Das «M» in SMART steht für *messbar*. Das heißt, woran erkenne ich, dass ich mein Ziel erreicht habe? Wenn du «mehr Geld» sagst, ist das nicht messbar. Deshalb ist die konkrete Summe, wie gerade beschrieben, so wichtig.

«A» steht für *attraktiv*. Dein Ziel sollte so sein, dass es dich magisch anzieht. Es muss dich aufregen, deinen Puls beschleunigen und dir ein wenig Angst machen. Dann erst ist es ein motivierendes Ziel. Es ist so ähnlich, wie wenn du einen attraktiven Menschen triffst, bei dessen Anblick es auch in deinem ganzen Körper kribbelt. Ein solches Kribbeln sorgt für die nötige Energie.

«R» steht für *realistisch*. Das ist der Buchstabe, der mir am wenigsten gefällt, weil bei realistischen Zielen kein großes Wachstum möglich ist. Wir dehnen uns nicht aus, wenn wir im realistischen Rahmen bleiben und auf die Logik unserer Ziele setzen. Bei realistischen Zielen bleiben wir bei dem, was unser Verstand für möglich hält. Wir wissen allerdings nur fünf Prozent von dem, was möglich ist. Realistisch ist dann nur das, was wir uns vorstellen können zu erreichen. Für mich steht das «R» für *riesengroß*. Ein riesengroßes Ziel liegt weit jenseits unserer Vorstellungskraft und ist dadurch so attraktiv und anziehend, dass es mich enorm motiviert. Es werden Kräfte mobilisiert, die bisher verborgen blieben. Außerdem kommen Situationen und Impulse in unser Leben, die wir so vorher noch nie erlebt haben und die uns aus unserer Komfortzone herausholen.

«T» bedeutet *terminiert*. Das Ziel soll bis zu einem bestimmten Datum erreicht sein. Dabei ist es wichtig, dass dieses Datum nicht zu weit in der Zukunft liegt. Ein weit entfernter Termin sorgt dafür, dass das Ziel wieder realistischer erscheint. Wenn dein Ziel ist, eine Million Umsatz zu machen, dann kannst du dir sicher vorstellen, es in fünf Jahren erreicht zu haben. Das beruhigt den Puls und den Verstand. Wenn du aber «eine Million in einem Jahr» sagst, dann kommt eine andere Energie in deinen Körper und du fragst dich, wie das denn gehen soll. Das ist das beschriebene Kribbeln. Du hast keine Ahnung, wie du dieses Ziel erreichen kannst. Ich darf dich beruhigen. »Das Wie ist nicht dein Business», sagte Bob Proctor immer, und er hatte recht. Ich hatte keine Idee, wie ich ein Millionenunternehmen aufbauen sollte, aber ich wusste, dass ich es kann und bereit bin, alles dafür zu geben, bis es da ist. Der Zeitfaktor ist einerseits für das Kribbeln wichtig, andererseits kannst du das Datum aber auch loslassen, denn es ist gar nicht so wichtig, ob du das Ziel in dieser Zeit wirklich erreichst. Du wirst immer mehr erreichen, als wenn du dir ein realistisches Ziel gesetzt hättest. Und auch da wirkt noch eine alte Programmierung. Wenn wir ein Ziel nicht erreichen, denken wir, dass wir nicht gut genug seien, weil wir es nicht erreicht haben. Dabei ist das Ziel in der Regel an die zeitliche Frist gebunden. Wenn wir aber mit einem riesengroßen Ziel mehr erreichen, als wenn wir uns ein realistisches Ziel setzen würden, haben wir doch mehr erreicht, als wir dachten, erreichen zu können. Und dann ist es wichtig, dranzubleiben. Was ist, wenn du das unmögliche Ziel zwar nicht in einem Jahr erreichst, dafür in zwei Jahren? Bist du dann gescheitert? In meiner Wahrnehmung hast du gewonnen. Scheitern geht nur, wenn wir aufhören weiterzugehen.

Mit der ursprünglichen SMART-Methode arbeite ich inzwischen nicht mehr, weil ich damit keine riesengroßen Ziele und somit kein starkes Wachstum erreicht habe. Hier ist die Parallele zum Manifestieren. Wenn du dir realistische Ziele manifestierst, wirst du keine riesengroßen Ziele erreichen. Logisch, oder?

Von Bob Proctor habe ich ein weiteres Konzept zum Thema «Ziele» kennengelernt, das ich dir hier auch noch vorstelle. Bob unterteilt die Ziele in die drei Kategorien: A, B und C. Dabei entspricht ein A-Ziel den smarten Zielen. Es ist etwas, von dem du weißt, dass du es erreichst. Es ist realistisch. Für mich sind es keine guten Ziele, weil sie dich weder in Begeisterung versetzen noch dein Wachstum wirklich fördern. Sie sind für dein Unterbewusstsein langweilig und machen dich nicht kreativ. Du machst das Gleiche wie immer und bleibst da, wo du gerade bist. Wenn du z. B. einen Umsatz von 100.000 Euro im Jahr machst und dein realistisches A-Ziel 105.000 Euro Umsatz ist, bedeutet das, dass du pro Monat nur ein wenig mehr verdienen musst, um das Ziel zu erreichen. Du denkst dir dabei: Ja, das kriege ich gut hin. Du bleibst in deiner Komfortzone, die für dich bekannt ist und sich gemütlich anfühlt. Das Wachstum hält sich in Grenzen.

Ein B-Ziel geht einen Schritt weiter und ist schon etwas besser. B-Ziele sind auf jeden Fall besser als A-Ziele. Hierbei kannst du dir das Umsatzziel immer noch gut vorstellen, auch wenn du es noch nie erreicht hast. Aber du hast eine Vorstellung, wie du mit dem, was du heute machst, und etwas mehr Anstrengung dorthin kommst. Du kannst es z. B. mit einer gezielten Verkaufsaktion oder Preiserhöhung erreichen. Es liegt schon etwas mehr außerhalb deiner Komfortzone, aber du hast Ideen, wie es möglich sein könnte. Du kannst es dir ausrechnen und es ist vorstellbar für dich. Das könnten 150.000 Euro im Jahr sein. Du merkst, es ist schon deutlich mehr, aber es ist nicht unmöglich. Mit einer Strategie wie z. B. einer Preiserhöhung oder mit mehr Kunden kannst du dir diese Summe gut vorstellen.

Bei einem C-Ziel hast du keine Ahnung, wie du es erreichen sollst. Auf diese Art habe ich mir 2021 das Ziel von einer Million Euro Umsatz gesetzt und hatte keine Idee, wie das funktionieren könnte. Bei meiner Berechnung, wie viele Produkte ich verkaufen müsse, um dieses Ziel zu erreichen, stellte ich immer nur fest, dass es nicht geht. Auch das angepeilte Mehr an Zeit hätte nicht gereicht, um mein Millionenziel zu erreichen. Also ein sehr unrealistisches Phantasieziel jenseits von Gut und Böse. Dieses Ziel war aufregend, es hat überall gekribbelt, wenn ich mir vorstellte, wie ich es erreiche. Ich habe so oft im Vorfeld auf die Million angestoßen und mich gefreut, als hätte ich es schon erreicht. Ich habe es nicht infrage gestellt. Ich wusste es einfach, auch wenn ich keine Ahnung hatte, wie.

Ich habe dieses Ziel in 2021 nicht erreicht. Im klassischen Sinne könntest du denken, dass ich gescheitert sei. Tatsächlich habe ich meinen Vorjahresumsatz verfünffacht und eine halbe Million Euro Umsatz gemacht. Ich war also nicht traurig. Hier kommt es eben auf deine Perspektive an. Die Zielsetzung dient dem Wachstum, es geht nicht in erster Linie um das Erreichen des Zieles in der vorgegebenen Zeit. Gleichzeitig stellst du es nicht infrage, dass es in der Zeit passiert. Alles, was passiert, ist perfekt. Du gehst auf das Ziel zu, und wenn du es in der Zeit nicht erreichst, machst du einfach weiter, bis du es erreichst. Du hörst nicht auf.

Mit meinem Ergebnis von 500.000 Euro Umsatz in 2021 wurde mein ursprüngliches C-Ziel von einer Million Euro zu einem B-Ziel für 2022. Ich konnte mir inzwischen vorstellen, wie die Million möglich ist, weshalb ich mir für 2023 ein neues C-Ziel gesetzt habe. Die Umsatzmillion kam 2022 mit einer zeitlichen Verzögerung. Ich habe also mein ursprüngliches C-Ziel erreicht und war dankbar für das Ergebnis 2021, auch wenn ich das Ziel nicht erreicht hatte. Das ist eine der wichtigsten Lektionen überhaupt. Du bist dankbar für das, was da ist. Finde Möglichkeiten, dich im Hier und Jetzt gut zu fühlen und wertzuschätzen für das, was da ist.

Auf dem Weg zu meiner ersten Umsatzmillion habe ich viele Glaubenssätze bei mir entdeckt und neue gewählt. Einer davon war: Wer bin ich schon, dass ich eine Million Euro Umsatz machen will? Trotzdem habe ich jedes Mal, wenn ich mit meinem Mann etwas getrunken habe, auf die erste Million angestoßen. Es ist klar, dass es kommt, die Frage ist nur, wann. Auch wenn das Ziel zum geplanten Termin nicht erreicht ist, gehst du weiter. Ich habe 2021 einfach weitergemacht. Ich hätte auch enttäuscht aufgeben können, aber ich habe stattdessen mein Ziel erhöht. Jetzt liegt mein Ziel bei 20 Millionen. Es ist ein wichtiger Lernerfolg, dass du dich wohlfühlen darfst, obwohl du das Ziel nicht erreicht hast. Denn im Sinne der Fülle schätzt du immer das, was da ist.

Das Ziel ist nicht da, um es zu erreichen, sondern um dich in Sphären zu bringen, die für dich bis gestern unmöglich waren. Du darfst dankbar und glücklich sein für das, was da ist, und mehr haben wollen. Das Mehr bedeutet für mich Wachstum. Mehr Geld, mehr Leichtigkeit, mehr Freude, mehr Zeit, mehr Urlaub, mehr Menschen, die ich erreiche und denen ich dabei helfe, ein glückliches und erfolgreiches Leben zu leben.

Mein Ziel ist es außerdem, die Branche der Persönlichkeitsentwicklung zu revolutionieren. Ich weiß nicht, wie es gehen soll, aber ich will, dass das ehrliche «sich zeigen» gelebt wird. Ich *mache* nicht nur Persönlichkeitsentwicklung, ich *lebe* sie in der Tiefe. Ich lebe vor und erzähle nicht nur, wie es geht. Ich bin das Beispiel, der Leuchtturm, an dem sich andere orientieren können. Dieses riesengroße Ziel «Ich revolutioniere die Branche und gehe voran» macht mir schon fast Angst. Was, ich? Die kleine Beate aus Polen? Ich revolutioniere die Branche?

Wenn der Schmerz groß genug ist, geht die Veränderung schnell. Wenn ich mir die Geschichte mit meiner Kündigung und der damaligen Situation meines Mannes in seinem Unternehmen vor Augen führe, dann war es damals definitiv so. Der Schmerz war riesengroß. Ich wusste, dass wir beide sofort handeln mussten. Es muss nicht immer so sein, dass erst der Schmerz da ist. Wir können jeden Moment entscheiden, dass wir uns verändern.

Und doch warten wir oft, bis es im Außen so unerträglich ist, dass wir keine andere Wahl haben, als zu handeln. Viele verändern ihr Verhalten dauerhaft, wenn sie etwas in dieser Form erlebt haben, und viele andere verändern es nur kurzfristig, und zwar so lange, bis das vermeintlich Schlimmste abgewehrt ist. Danach kommt der Alltag wieder – und das «alte» Verhalten, das es überhaupt so weit hat kommen lassen, kehrt zurück. Wie können wir diese Motivation und Inspiration aufrechterhalten, sodass wir im Wachstumsmodus bleiben und nicht in ein altes Verhalten zurückfallen? Wir müssen doch nicht immer darauf warten, dass etwas «Schlimmes» passiert. Es gibt einen viel eleganteren und schöneren Weg, und zwar, sich immer wieder mit seinem C-Ziel zu verbinden und zu fühlen, wie es ist, dort angekommen zu sein.

Ich bin jeden Tag inspiriert und motiviert, weil ich von meinem Leben begeistert bin und von all dem, was es noch zu entdecken gibt. Jeden Tag bin ich mit meiner Dankbarkeit verbunden. Nicht jeden Tag gleich stark, aber es gibt keinen Tag, an dem ich nicht dankbar bin für das, was da ist. Sogar an Tagen, an denen sich alles schlimm anfühlt (und ja, diese Tage gibt es auch), finde ich Dinge, für die ich dankbar sein kann. Sogar für die Dinge, die vermeintlich dazu geführt haben, dass sich gerade alles schlimm anfühlt. Ich weiß nämlich auch dann, dass sich dahinter etwas Wunderbares für mich zeigen wird.

Natürlich motivieren mich inzwischen auch die Rückmeldungen meiner Kunden. Dadurch, dass die Erfolge meiner Kunden immer größer werden, bleibt meine Inspiration, weiterzumachen, ständig aktiv. Es ist ein Selbstläufersystem, das ich mir erschaffen habe.

Ich spreche in Zoom-Calls mit meinen Kunden und bin danach genauso motiviert wie die Teilnehmer. Ich bereite mich vor, stelle Material und Inhalte zusammen und in erster Linie meine Erfahrungen. Denn meine Erfahrungen sind das, was transformiert, nicht allein die Theorie. Die Theorie verknüpft mit echten Situationen, die auch die Teilnehmer erleben, – das macht den Unterschied. Es ist gelebtes, verkörpertes Wissen. Im Call feiern wir die Erfolge meiner Teilnehmer, was mich total motiviert. Ich bin süchtig nach meiner Arbeit. Wobei es nicht mein Job ist, sondern mein Leben. Alles, was ich tue, macht mir Spaß und hat nicht den Anschein von Arbeit. Was mir keinen Spaß macht, gebe ich ab. Es ist ein großer Schlüssel, Dinge aus purer Freude zu machen. Mein Handeln ist die reine Freude. Geld folgt der Freude. Je mehr Spaß und Freude ich habe, je mehr ich davon losgelöst bin, was ich erreichen muss, desto mehr Erfolg habe ich im Außen. Ich folge von innen heraus der Freude. Es ist ein Paradoxon. Einerseits mache ich immer mehr das, was mir Spaß macht, auf der anderen Seite steht mein Ziel, das ich erreichen will und immer größer wird. Es geht nur nicht in erster Linie um das Ziel, auch wenn es irgendwie doch der Antrieb ist. Merkst du, dass alles einer Polarität unterliegt? Es ist nicht «entweder oder», es ist «sowohl als auch». Das

Ziel ist mein Gipfel, den es gar nicht zu erreichen gilt, den ich aber trotzdem erreichen will. Einerseits ist es etwas, das ich haben und vor allem fühlen will. Und auf der anderen Seite lasse ich es komplett los und liebe das, was gerade ist. Je mehr ich diese Formel befolge, desto erfolgreicher sind mein Unternehmen und ich.

SICHTBARKEIT

Alle wollen sichtbar sein, aber am besten, ohne sich zu zeigen. Diesen Satz sage ich immer und immer wieder, denn Menschen kommen zu mir und sagen, dass sie sichtbar sein wollen, – und wenn ich ihnen Wege aufzeige, wie sie sich zeigen können, kneifen sie. Auf einmal kommt die Angst hoch, gesehen zu werden. Sie bekommen Angst, verurteilt zu werden. Wenn du sichtbar bist, wirst du zu einem möglichen Angriffspunkt oder bietest eine Angriffsfläche. Es gibt aber keine Möglichkeit, sichtbar zu sein, ohne sichtbar zu sein. Daher ist die Sichtbarkeit, von der ganz viel gesprochen wird, nichts anderes, als dass ich mich mit dem, wie ich bin, zeige.

Es geht dabei nicht nur um Social Media, sondern vielmehr um das, was ich gern wiederhole: *Wie du eine Sache machst, machst du jede Sache.* Wie oft hältst du dich zurück, sprichst nicht deine Wahrheit oder sagst nicht das, was du wirklich fühlst? In den letzten Jahren ist gerade in der Online-Welt ein Konzept entstanden, das dir vorgibt, sichtbar sein zu müssen. Einige haben es sich zur Profession gemacht, dass sie Menschen bei ihrer Sichtbarkeit unterstützen. Ganz so, als ob es ein Gegenteil davon gäbe, und zwar, dass sie unsichtbar sind.

Du kannst gar nicht unsichtbar sein, aber du kannst wählen, wo und wie du dich zeigst. Es fängt schon im Kleinen an. Wenn du an deinem Arbeitsplatz ein Meeting hast und gern etwas

sagen möchtest, du dich aber nicht traust, dann zeigst du dich nicht mit deiner Meinung. Genauso ist es letztendlich auch auf Social Media oder im Online-Bereich. Du hast etwas zu sagen, du möchtest dich zeigen, aber es gibt etwas, das dich zurückhält, sodass du es lässt.

Mir scheint, einer der größten Glaubenssätze ist, dass man ganz viele Follower haben müsse, um überhaupt sichtbar zu sein. Geh doch mal vor die Tür und klingele bei deinem Nachbarn. Erzähl ihm davon, was du machst – schon bist du sichtbar. Dann kannst du ihm auch noch erzählen: «Hey, jetzt weißt du, was ich mache, und vielleicht kennst du jemanden, für den das hilfreich sein könnte.» Damit stellst du den Kontakt her. Oder du rufst per Telefon oder Zoom Leute an und erzählst ihnen, was du machst und wer du bist. Schon bist du sichtbar und hörbar. Somit ist dieses Thema «Du musst sichtbar sein und unbedingt ganz viele Follower haben, um überhaupt ein Online-Business zu führen» meiner Meinung nach nicht wahr. Auch ich habe lange daran geglaubt und gedacht, dass ich viele Follower haben müsse, um ein Business zu betreiben. Vielleicht hast du schon die Geschichte von meinem Auftritt auf der Greator®-Bühne gelesen. Ich hatte so große Hoffnungen darauf gesetzt und gedacht, dass mich nach dem Erscheinen des Videos die ganze Welt kennt, ich Tausende von E-Mail-Anfragen bekomme, mein Telefon nicht mehr stillsteht und alle mit mir zusammenarbeiten wollen. Und was ist passiert? Nichts davon. Natürlich haben einige Menschen das Video des Auftritts gesehen, aber es ist nicht die Veränderung eingetroffen, die ich mir erhofft und erwartet habe. Warum nicht? Weil ich damals noch nicht die Person war, die dafür bereit war, so viele Menschen anzuziehen. Nur das eine Video hat das Erhoffte nicht in Gang setzen können. Genauso kenne ich Menschen, die unglaublich viele Aufrufe und Follower haben und zu mir kommen, um zu lernen, wie sie Umsatz machen können. Sie inspirieren zwar viele Menschen, aber ihr Business bringt kein Geld ein. Nur von Inspiration, Likes und Kommentaren kannst du nicht leben.

Das Thema «Sichtbarkeit» heißt in erster Linie, die Entscheidung zu treffen, mit seiner Position rauszugehen und zu sagen: Ich zeige mich dort, wo es mir Spaß macht, aber auch dort, wo ich mich gern davor drücken möchte.

Ich hatte ganz am Anfang, als ich 2018 gestartet bin, keinen Social-Media-Account. Mein Coach hat damals zu mir gesagt, dass ich Storys machen soll. Jeden Tag eine Story. Ich fand es echt ätzend, weil ich nicht wusste, was ich erzählen soll. Ich habe einfach angefangen und wurde von guten Freunden und der Familie belächelt. Sie haben mich gefragt, was ich mache. Ich habe alles gefilmt, wozu mir gerade ein Impuls kam. Ob ich in einen Zug eingestiegen bin oder in einem Hotelzimmer war – ich habe einfach die Menschen in mein Leben mitgenommen. Ich habe sie mit in meinen Kopf genommen und erzählt, was ich denke, was ich fühle und was ich mache. Ich habe mich gezeigt und mich damit sichtbar gemacht. Natürlich haben es am Anfang nur sehr wenige Menschen gesehen, weil ich noch keine Reichweite hatte. Aber Fakt ist, dass ich damals angefangen habe, Menschen zu berühren. Zunächst war es vielleicht ein Kunde, der dadurch gekommen ist, dann waren es zwei, irgendwann drei, und langsam wurden es immer mehr. Dann haben die Menschen darüber gesprochen, was in meinen Räumen passiert. Auch das wurde mehr. Nicht umsonst heißt es, dass Sichtbarkeit mehr Sichtbarkeit bringt. Und ein Kunde ist ein Kunde, über den kannst du glücklich und zufrieden sein, weil du ihn berührt hast. Mit diesem ersten Kunden begibst du dich auf die Reise und wirst ganz viel lernen. Du lernst auch, für den nächsten Kunden noch besser zu sein und für den nächsten wieder besser. So entsteht ein Kreislauf.

Es ist nicht die Reichweite, die dazu führt, dass du sichtbar wirst. Du kannst dir die Frage stellen, wo dich noch mehr Menschen sehen könnten. Das habe ich auch gemacht. Ich war auf verschiedenen Kongressen und habe dort kostenlos gesprochen, ich habe einen Podcast gemacht und immer nach Gelegenheiten gesucht, um mich auf unterschiedlichen Kanälen zu zeigen. Das führte dazu, dass immer mehr Menschen auf meinem Profil gelandet sind und die, die es interessiert hat, geblieben sind. Die, die es nicht interessiert hat, sind wieder gegangen. Das ist normal. Du ziehst Menschen an und du stößt andere ab. Wenn du alle anziehen möchtest, dann wirst du das eine und andere tun, aber kein erfolgreiches Business führen. Wenn du für niemanden stehst, kannst du dich nicht positionieren. Im Endeffekt ist die Reichweite nicht das, was ein Business ausmacht. Viel besser ist es, einfach zu starten und zu lernen. Zeige dich, zeige dich, zeige dich. Und wie kannst du dich zeigen? Ganz einfach, indem du dich nicht mehr versteckst.

Dass der Zusammenhang zwischen Reichweite und Umsatz nicht immer gegeben ist, zeigen die folgenden Geschichten. Ich habe vor zwei Jahren einen Coaching-Call für 99 Euro verkauft, zu dem sich genau drei Menschen angemeldet haben. Natürlich habe ich diesen Call durchgeführt, denn schließlich hatten sie dafür bezahlt. In diesem Gruppencoaching saßen also drei Menschen, die etwas lernen wollten. Ich habe ihnen dann erzählt, wie sie mit mir weitergehen können, und zwei von ihnen als Kunden gewonnen, die für eine weitere Zusammenarbeit einen Preis von je 4.800 Euro gezahlt haben. Ich habe also mit einem Gespräch auf einen Schlag fast 10.000 Euro Umsatz gemacht.

In einem anderen Fall habe ich bei einem Online-Kongress gesprochen und die Menschen hinterher zu einem kostenlosen Call eingeladen. Es waren über 60 Zuschauer in diesem Raum. Aufgrund meines erfolgreichen Dreier-Calls habe ich mir ausgerechnet, wie viele Kunden ich gewinnen kann. Ich dachte, je mehr Kunden kommen, umso besser, denn meine Programme sind gigantisch und können mit vielen Teilnehmern durchgeführt werden. In diesem Call habe ich keinen Kunden gewonnen. Es bestand hinterher noch ein kurzer E-Mail-Kontakt mit zwei Personen, aber ich habe keinen Kunden gewonnen.

Das ist auch ein schönes Beispiel dafür, wie wir uns selbst in die Irre führen können. Wir denken, dass wir ganz viel kostenlos anbieten müssen. Bei mir gibt es viele Dinge, die ich kostenlos anbiete, z. B. meinen Podcast oder die Coachings bei Kongressen. Aber mein Traum war immer, lieber weniger Menschen zu erreichen, die dafür etwas bezahlen, als viele, die nur kostenlos konsumieren. Viele Menschen holen sich nur kostenlose Informationen ein und setzen nie um, was sie erfahren. Wenn ausschließlich Informationen uns weiterbringen würden, wären wir alle reich, glücklich und zufrieden. Informationen kann jeder jederzeit im Übermaß erhalten. Früher standen sie in Büchern in der Bibliothek, heute findest du alles im Internet. Das soll nicht heißen, dass du keine kostenlosen Informationen herausgeben sollst. Ich mache das auch, wenn ich Lust darauf habe. Dann schreibe ich besondere Posts oder gehe live. Lieber sind mir kleine, bezahlte Räume, weil die Menschen motivierter sind, die Inhalte umzusetzen, anstatt sie nur zu sammeln. Die Umsetzung bringt Erfolg und den teilen die Menschen wieder mit anderen, die dann auf mich aufmerksam werden. So funktioniert Sichtbarkeit für mich.

POSITIONIERUNG

Überlegungen zu einer bestimmten Positionierung können dir helfen weiterzukommen, sie können dich aber auch in deinem Fortschritt hemmen. Mich haben z. B. Vorgaben zur vermeintlich richtigen Vorgehensweise meist aufgehalten. Ich habe festgestellt, dass in meinem Leben andere Entwicklungen stattfanden als bei anderen. Auch hier ist der Umgang mit der Information wichtig. Du kannst sie als Inspiration ansehen, aus der du dir das herausziehst, was für dich passt und in diesem Moment gerade wichtig ist. Du kannst entscheiden, mit welchen Punkten du in deinem Business anknüpfst an das, was schon vorhanden ist. Das halte ich für einen sehr förderlichen Weg. Oder du denkst ähnlich wie ich früher: «Bei mir ist das alles ganz anders, bei mir funktioniert das nicht, wie soll ich es nun machen?» Ich habe die Informationen bekommen und gemerkt, dass sie mich schwächer machen und ich mich dadurch klein fühle. Ein Gefühl von «nicht gut genug». Damit bin ich nicht allein, für viele ist das fatal. Du bekommst von Experten eine Schablone dazu, welche Positionierung «richtig» ist, und vergleichst dich damit. Du versuchst, dich in diese Schablone zu zwängen, und wenn du die Anforderungen nicht erfüllst, denkst du, dass du nicht gut genug bist. Das ist wie früher in der Schule. Du bekommst ein Soll, das zu erfüllen ist, und wenn das Geleistete nicht passt, wird es als minderwertig bewertet. Wer diese Programmierung noch in sich

trägt, der wird durch die Positionierungs-Schablone extrem gehemmt – so wie ich früher.

Gerade bei der Positionierung werden Tipps gegeben wie
«Du musst sehr spitz positioniert sein, du musst sehr konkret
wissen, was dein Thema ist, du musst so speziell sein, um dich
von anderen zu unterscheiden, du musst einzigartig sein».

Als ich mich damit beschäftigt habe, dachte ich, dass mein
Thema selbst nicht einzigartig ist. Mein Thema gleicht dem vieler
anderer. Ich habe angefangen mit «Unchain your Greatness», was
so viel bedeutet wie «Entfalte dein volles Potenzial und löse dich von
den Glaubenssätzen, die dich kleinhalten». Das war sehr allgemein
und ein Thema, das gefühlt jeder andere Coach auch in seinem
Repertoire hatte. Die Vorgabe, spitz und einzigartig zu sein, hat
mich deshalb sehr gehemmt und mir unterbewusst vermittelt, dass
ich nicht gut genug bin und mein Konzept nicht passt. Heute weiß
ich, dass sich die Einzigartigkeit nicht auf das Thema bezieht, das
du als Coach behandelst, sondern vielmehr auf deine Erfahrungen
und dich als Mensch. Du bist einzigartig und hast Erfahrungen in
unterschiedlichen Bereichen gemacht – egal ob es um Geld, Be-
ziehungen oder Ernährung geht. Es ist nicht die Theorie, die dich
von anderen unterscheidet. Es sind Feinheiten deiner Persönlichkeit, die zeigen, dass du einzigartig bist. Die Art, wie du die Theorie
aus deiner Perspektive und deinen Erfahrungen erzählst. *Dein*
Weg und *deine* Erfahrungen zu einem Thema sind entscheidend.
Es geht nicht um das Allgemeinwissen, sondern um das gelebte

Wissen, und das erfährt jeder auf eine andere Weise. Wenn wir diese Erfahrungen von mehreren Menschen aus unterschiedlichen Perspektiven hören, dann kommen irgendwann die Erkenntnis und das Verständnis für das Thema. Dann macht es bei unseren Kunden «Klick» und sie ziehen etwas daraus, das ihnen hilft.

Merkst du jetzt, dass du nicht am Anfang stehst? Viele, die zu mir ins Coaching kommen, meinen, sie stünden ganz am Anfang. Sie sind es vielleicht mit ihrem Business als Coach, weil sie noch kein Geld damit verdient haben, aber sie haben schon ihre Lebenserfahrung. Außerdem sind sie meist sehr gut ausgebildet, haben schon unterschiedliche Seminare besucht und sind einzigartig in der Art und Weise, wie sie ihr Business gestalten.

Kennst du die Situation, dass dir eine Freundin oder ein Lebenspartner einen Tipp gibt, irgendetwas auf eine bestimmte Art zu machen? Und du machst es nicht. Du hörst es dir an, entscheidest dich aber, es nicht umzusetzen. Dann buchst du ein teures Coaching, erfährst etwas und erzählst, was du jetzt neu machst. Daraufhin sagt dann deine Freundin oder dein Lebenspartner: «Hey, das habe ich dir schon die ganze Zeit gesagt.» Das zeigt, dass es nicht darum geht, *was* du hörst, sondern *von wem* du es hörst und aus welcher Erfahrung heraus es dir vermittelt wurde. Es kommt auch darauf an, welche Person du bist, wenn du die Information hörst. Du veränderst dich jeden Tag und machst jeden Tag neue Erfahrungen. Du sammelst neues Wissen und dieses Wissen kann nur an schon vorhandenes Wissen anknüpfen. Und wenn dann noch kein Anknüpfungspunkt vorhanden ist, weil dir noch andere Informationen oder Erfahrungen fehlen, dann kannst du es nicht in dein System integrieren.

Bei mir war es so, dass ich die Informationen aus vielen Büchern ignoriert und es stattdessen so gemacht habe, wie ich es haben wollte. Dadurch hatte ich am Anfang eine extrem offene Positionierung mit dem Appell «Komm in deine Größe». Ich hatte keine Ahnung, wen ich gezielt ansprechen wollte. Ich habe nicht festgelegt, ob es Unternehmer oder Selbstständige sein sollten, denn ich wollte alle ansprechen. Ich bin mit dem Gefühl gestartet, dass ich all diejenigen ansprechen will, die vorankommen wollen und große Ziele haben. So bin ich einfach gestartet und habe mein erstes offenes Seminar gemacht, das «Unchain your Greatness» hieß. Auch heute gibt es dieses Seminar noch, allerdings ist es von der Energie her komplett anders. Das Thema selbst ist geblieben, weil es immer noch darum geht, limitierende Glaubenssätze zu entdecken und aufzulösen. Es geht immer noch darum, die eigene Größe zu entfalten, sich selbst mehr und mehr zu erkennen und dann zu wählen, was man wirklich haben möchte. Der Kontext hat sich verändert und die Menschen, die ich anspreche.

Sich mit einer Positionierung festzulegen, kann einem Angst machen – das hindert viele daran, überhaupt eine Entscheidung zu treffen. Sie haben das Gefühl, damit auf andere Kunden verzichten zu müssen. Das ist ein schlechtes Gefühl, denn am Anfang hat man wenig bis gar keine Kunden. Wenn man dann aufgrund einer Positionierung die infrage kommenden Kunden noch mehr ausdünnt, kommt der Glaubenssatz, dass man Kunden verliert. Trotzdem kannst du starten, weil du lernst, wer zu dir kommt. Zu mir kamen anfangs viele Angestellte aus dem sozialen Bereich, weil ich selbst in diesem Bereich gearbeitet hatte. Es kamen aber auch Selbstständige auf mich zu. Ich stellte mir die Frage, mit wem ich lieber zusammenarbeiten wollte, und kam zu dem Schluss, dass es eher Selbstständige sein sollten oder solche, die es werden wollten. Denn sie haben einen anderen Blickwinkel und andere Ziele als Angestellte. Ich selbst bin diesen Weg gegangen und hatte das Gefühl, dass ich sie besser verstehen könne. Für Angestellte sind aufgrund der Rahmenbedingungen ihres Arbeitsverhältnisses die Themen, die ich anbiete – Business, Positionierung und Geld –, nicht so interessant.

Mit dem, was ich erlebt habe, konnte ich zunehmend meine Positionierung schärfen. Dabei habe ich darauf geachtet, was mir am meisten gefällt. Ich schaue mir das Ergebnis im Außen an, stelle fest, dass es mir gefällt, und setze es auf meine Liste für meine Positionierung. Davon will ich mehr haben und richte meine Angebote demnächst mehr auf dieses Ergebnis aus.

Positionierung ist gut und wichtig, aber sie darf kein Hindernis sein, um loszugehen. Du gehst los, triffst eine Entscheidung und gehst. Dabei machst du Erfahrungen, die dir neue Türen öffnen und zu neuen Entscheidungen führen.

Positionierung heißt vor allem, dass du eine Position beziehst. Das kann polarisierend sein, wie beim Thema «Geld». Du verabschiedest dich von dem Glauben, allen gefallen zu müssen, und davon, dich und dein Thema so darzustellen, dass du es immer allen recht machst. Wenn du allen gefallen willst, verschwindest du im Meer des Durchschnitts. Du willst alle zufriedenstellen und bist selbst nicht zufrieden. Dieser Punkt hat mich lange beschäftigt. Es gab Themen, über die ich sprechen wollte, aber Angst davor hatte. Ich wusste, dass es Menschen gibt, denen das dann nicht gefallen wird. Und es gab Menschen, denen es nicht gefallen hat oder auch heute nicht gefällt. Dafür gibt es auch Menschen, die genau richtig für mich sind, die auf mich aufmerksam werden und sich bei mir gut aufgehoben fühlen. Sie fühlen sich verstanden und wollen genau das, was ich anbiete und darstelle. Interessanterweise habe ich selbst auch immer Menschen bewundert, die offen ihre Meinung gesagt haben und denen es egal war, was andere über sie sagten. Das hat mich sehr fasziniert, dass Menschen auf der Bühne Dinge ansprechen, die nicht jedem gefallen, die triggern und ihre Wahrheit verkörpern.

Alles in allem heißt Positionierung für mich: Du sprichst deine Wahrheit, beziehst deine Position, redest nicht um den heißen Brei herum, erfährst dein Thema immer mehr in der Tiefe und sprichst auch über Dinge, die man vermeintlich nicht sagt.

PREISE

Welchen Preis nehme ich für mein Produkt? Auch da gibt es viele Informationen, wie man am besten vorgehen sollte. Die am weitesten verbreitete ist: Wenn du noch nicht so weit bist (was auch immer das bedeutet), starte mit einem niedrigen Preis. Es gibt so viele Online-Marketer, die dir zeigen, wie ein Funnel funktioniert. Funnel bedeutet übersetzt «Trichter». Oben ist er weit geöffnet, unten wird es immer enger. In den meisten Fällen sieht es so aus, dass du erst mal ein kostenloses Produkt hast, das ganz viele Menschen erreicht. Das wird schön theoretisch aufgezeigt. In diesem kostenlosen Produkt bietest du etwas Kostenpflichtiges zu einem sehr niedrigen Preis an. In diesem, sagen wir mal, 100-Euro-Produkt verkaufst du ein weiteres Produkt, das vielleicht 500 Euro kostet, und irgendwann verkaufst du ein Produkt, das richtig Spaß macht. Am Ende bleiben mit etwas Glück von den Tausend Menschen, die das kostenlose Produkt gewählt haben, vielleicht zehn Leute übrig, die dann das hochpreisige Produkt kaufen. Schöne Theorie. Das habe ich selbst in vielen Online-Kursen und Seminaren gelernt – und ja, es stimmt, es funktioniert. Die Frage ist, für wen? In meiner Wahrnehmung funktioniert das für Menschen, die schon eine gewisse Bekanntheit auf dem Markt, eine größere Reichweite haben oder schon richtig Geld verdienen. Um so einen Funnel aufzubauen, brauchst du erst mal Kapital. Viele nutzen dazu Facebook oder andere soziale Medien zur Werbung, um Menschen zu erreichen.

Ich erkläre dir jetzt meinen Weg und meine Erfahrung: Für mich war wichtig, dass ich überhaupt erst mal mit einem Produkt gestartet bin. Meine Erfahrung hat gezeigt, dass es der gleiche Aufwand ist, ob ich einen Kunden für ein 400-Euro- oder ein 3.000-Euro-Produkt gewinne. Du kannst dir ausrechnen, wie viele 100-Euro-Kunden du brauchst, um überhaupt auf 2.000 Euro zu kommen. Ich nehme in Kauf, dass es länger dauert, bis ich einen 2.000-Euro-Kunden anziehe – aber dafür macht es sofort Spaß, wenn ich ihn habe.

Auch wenn du dein Business gerade erst startest, bist du in irgendeinem Bereich sehr kompetent und verfügst über relevante Erfahrungen. Du hast schon Menschen geholfen und weißt, wie du weiteren Menschen helfen kannst. Du stehst also nur am Anfang deines Business, aber nicht am Anfang von allem. Wir sind nie am Anfang, denn wir haben schon einen großen Erfahrungsschatz, den wir mitbringen.

Deshalb ist meine Empfehlung, dass du erst mal mit einem Produkt startest und deinen kompletten Fokus auf dieses eine Produkt legst. Wähle für dieses Produkt einen Preis, der dir Spaß macht. Er darf ein bisschen kribbeln, das heißt, er darf auch ein bisschen Angst machen und dich ausdehnen. Aber der Preis muss auch so sein, dass du ihn aussprechen und du die Energie des Preises halten kannst. Wenn es ein Preis ist, den du dir überhaupt nicht vorstellen und kaum über deine Lippen bringen kannst, dann wirst du dein Produkt auch nicht zu diesem Preis verkaufen können.

Als ich mit meiner Selbstständigkeit angefangen habe, habe ich Preise nicht auf Stundenbasis berechnet, sondern Paketpreise angeboten. Ich selbst habe die Erfahrung gemacht, dass es viel effektiver ist, eine Zeit lang mit jemandem den Weg zu gehen, als nur einzelne Stunden zu buchen. Außerdem ist das Commitment größer. Ich habe von Anfang an gewählt, dass ich keine Stunden verkaufe, sondern Ergebnisse. Mein erstes Produkt war ein öffentliches Seminar. Der Preis dafür lag sofort in einem vierstelligen Bereich. Ich weiß es noch wie heute, dass es ordentlich gekribbelt hat. Ich war total aufgeregt, zum ersten Mal einen vierstelligen Betrag zu verlangen. Und das für ein Seminar, das ich zum ersten Mal durchführte. Gerade weil es so gekribbelt hat und so aufregend war, bin ich vorangegangen. Es hat mich inspiriert und motiviert. Die erste Buchung kam von einer wundervollen Familie, die zu dritt gebucht hat – das war der Start meines Business. Ich hatte drei Kunden! Als ich diese drei Kunden hatte, wusste ich, es gibt kein Zurück mehr. Ich bin live gegangen, habe Menschen angesprochen, habe Storys gemacht. Ich habe Menschen angerufen und jedem erzählt, dass ich ein Seminar anbiete. Ich hatte mir eine Vorbereitungszeit von ungefähr drei

Monaten gesetzt. Als Erstes habe ich den Termin festgelegt, das Hotel gebucht und mir überlegt, was es braucht, um dieses Seminar durchzuführen. Dann als Nächstes: verkaufen, verkaufen, verkaufen. Ich redete über das Produkt, über das Seminar und über das, was dort passieren wird. Ich sprach über die Wunder, die passieren werden, über die Stimmung und die Energie. Ich redete nonstop über das Seminar und lud die Menschen ein. Nach den ersten drei Kunden kam dann der vierte, der fünfte und schließlich hatte ich 16 Teilnehmer für mein allererstes offenes Seminar. Zugegeben, es gab auch Teilnehmer, denen ich ein Angebot machte, weil ich das Seminar unbedingt durchführen wollte. Ich sprach mit ihnen, und weil sie sich sofort entschieden, machte ich ihnen ein Angebot.

Finde daher ein Produkt und einen Preis, mit dem du gut leben kannst und von dem nach Abzug deiner Ausgaben immer noch ein Gewinn übrig bleibt. Ich habe mit diesem Seminar meinen ersten Gewinn erzielt. Und ich habe in dem Seminar mein erstes Mentoring-Programm verkauft – an genau eine Kundin! Der Preis des Programms war vierstellig, geplant war es als Gruppen-Mentoring mit Einzelcoaching. Ich wusste, dass es großartig wird, aber für eine Kundin allein war es nicht gedacht. Also hatte ich die Herausforderung, mehr Menschen zusammenzubringen, die mitmachen würden. Ich rief viele an und machte ihnen wieder ein Angebot. Ich strich das Einzelcoaching aus dem Gruppen-Mentoring heraus – mit dem Ergebnis, dass ich sechs Teilnehmer für das Mentoring bekam.

Bei Preisen gibt es einen weitverbreiteten Glaubenssatz, der lautet: je günstiger, desto mehr Kunden. Er ist nicht wahr. Wenn du aber glaubst, dass das so ist, wirst du nicht zu dem Preis verkaufen, zu dem du wirklich verkaufen willst. Die Wahrheit ist, dass dich ein niedriger Preis nicht so inspiriert wie ein Preis, der Spaß macht. Der Preis ist für das Wachstum deiner Kunden und dein eigenes Wachstum. Wenn der Preis kribbelt, wirst du selbst auch über dich hinauswachsen und deine ganze Energie hineinstecken. Es wird aufregend, weil du für diesen Preis natürlich auch besonders gut sein und deinen Kunden einen besonders hohen Mehrwert bieten willst. Deine Kunden wiederum werden viel stärker umsetzen, weil es was gekostet hat. Voraussetzung ist natürlich immer, dass du die Kompetenz mitbringst und nicht etwas verkaufst, was du nicht bieten kannst.

Ich habe die Erfahrung gemacht, dass es ein Preis sein darf, der mir Spaß macht. Ich habe mich oft gefragt, welchen Betrag ich für dieses Produkt haben möchte. Welchen Preis möchte ich ansetzen und mit wem will ich zusammenarbeiten? Dann kam mir eine Zahl in den Kopf und ich dachte: «Oh Gott, kannst du das machen?» Wenn dieser Gedanke kommt, bist du genau auf dem richtigen Weg. Auch wenn du dich erst mal nicht traust, bedeutet der Moment, in dem du mit dem Preis rausgehst, Wachstum für dich. Du wächst und gewöhnst dich an den Preis, je häufiger du ihn nennst und dich damit identifizierst. Je mehr du dir erlaubst, auch die Energie zu fühlen, die dieser Preis vermittelt, und zu fühlen, welche Menschen du dadurch anziehst, desto natürlicher wird er für dich.

Du ziehst mit einem Produkt für 10.000 Euro andere Menschen an als mit einem Produkt für 100 Euro. Es sind andere Menschen mit einem anderen Commitment, die du damit anziehst.

Wenn du natürlich anfängst, Preise anzubieten, die du selbst nicht bereit bist, für dich, dein Produkt oder für andere zu bezahlen, wirst du es auch nicht verkaufen können. Bei mir war es so, dass ich für solche Angebote selbst schon jeden Preis, angefangen von 1.000 Euro, als ich gestartet bin, bis hin zu 100.000 Euro bezahlt hatte. Dadurch, dass ich selbst die Energie in diesen Räumen gespürt hatte, konnte ich solche Preise auch für mich festlegen. Es ist nicht zwingend notwendig, dass du die Preise erst selbst bezahlen musst, um sie von anderen zu verlangen. Aber ich glaube, dass hier eine Korrelation besteht. Wenn du niemals bereit bist, 100.000 oder 10.000 Euro in dich zu investieren, wie willst du andere dafür gewinnen, dass sie bei dir 10.000 Euro investieren?

Es hängt alles zusammen, das heißt: Investierst du nicht in dich selbst, werden andere Menschen auch nicht in dich investieren. Du ziehst immer nur den Kunden an, der du selbst bist. Das ist bei deinen Produkten grundsätzlich ein besonders wichtiger Aspekt. Ich selbst liebe meine Produkte und bin total von ihnen überzeugt. Ich würde sie selbst zu diesen Preisen kaufen. Erst wenn du mit deinem Produkt so verbunden bist, dass du es so sehr liebst, wie ich es tue, dann wirst du das auch nach außen tragen können. Deine Energie und alles an dir sagen: «Hey, ich würde dieses Produkt selbst kaufen. Ich verstehe überhaupt nicht, warum du das noch nicht gekauft hast.» Wenn jemand sagt, dass er noch überlegen muss, frage ich, was es noch zu überlegen gibt.

Meine Produkte sind ein Geschenk, das man haben will. Was gibt es da noch zu überlegen, oder? Kannst du diese Energie spüren?

PROFESSIONALITÄT

Was bedeutet Professionalität?

Es gab Zeiten, in denen ich dachte, dass ich superprofessionell werden müsse, damit Kunden bei mir buchen. Nur dann wäre mein Business seriös, nur dann hätte ich eine Chance, mich auf dem Markt durchzusetzen. Was es genau heißt, wusste ich nicht. Ich hatte Bilder von Menschen im Kopf, die einen Anzug mit Krawatte trugen, sehr steif, unnahbar und in ihrer Wirkung meilenweit von mir entfernt waren. Niemand, der in meiner Nachbarschaft wohnte, sondern Personen, von denen ich mich distanziert hatte. Rückblickend sehr interessant. Da kommt die Frage auf, warum ich professionell sein wollte.

Jeder hat seine eigene Definition von Professionalität. Für die einen bedeutet es, perfekt zu sein. Für mich hieß es auf jeden Fall, dass diese Person die Distanz wahrt. Ich glaube, viele haben den Glaubenssatz, professionell sein zu müssen, und sehen nicht, dass es schon sind. Sie sehen nur, was alles noch nicht perfekt ist. Als Coach, Mentorin und Mensch bin ich immer auch Lernende und weiß, dass ich niemals fertig sein werde. Das bedeutet, dass es das vermeintlich «Perfekte» nicht gibt. Und doch ist alles perfekt, und zwar so, wie es ist, denn das ist Fülle.

Die meisten spielen deshalb eine Rolle, von der sie glauben, sie sei perfekt. Sie kleiden sich entsprechend, obwohl sie sich un-

wohl fühlen, nur um professionell zu wirken. In dem Moment, in dem du eine solche Rolle spielst, bist du nicht mehr du selbst und wirst unnahbar für die Menschen. Außerdem bist du von dir selbst getrennt. Und wenn du nicht mehr du selbst bist, kannst du dich nicht mehr richtig verkaufen. Du trittst nicht mehr als du selbst nach außen, und das fühlt sich immer falsch an. Du versuchst, etwas zu sein und ein Bild aufrechtzuerhalten, das nicht zu dir passt. Das ist übrigens sehr anstrengend. Vielleicht kennst du es auch.

Heute betreibe ich ein Business, in dem ich mir nicht mehr überlegen muss, wie ich wirke, weil ich bin, wie ich bin. Ich weiß, dass ich richtig bin. Ich bin perfekt, wie ich bin – mit allen Ecken und Kanten. Und es gibt Menschen, die genauso sind und deshalb den Weg zu mir finden. Ich will nicht jeden ansprechen. Wer die Anzugträger oder die Rollenspieler liebt, der geht zu denen. Ich bin für die, die sehen wollen, dass man Dinge einfach machen kann. Ich habe z. B. mal einen Call im Bikini gemacht. Hinterher sagte ein Kunde zu mir, dass das so viel Leichtigkeit in sein Leben gebracht habe. Er meinte, er müsse für seine Calls immer pünktlich im Büro sein und ein perfektes Bild vermitteln. Heute macht er Calls von überall und hat dadurch so viel Zeit gewonnen. Ich habe auch schon einen Call aus einem Bett im Hotelzimmer gemacht und die Rückmeldung bekommen, dass das nicht professionell sei. Für diese Leute bin ich nicht die Richtige, und das ist okay.

Wenn Menschen ein bestimmtes Bild erwarten, haben sie auch eine bestimmte Erwartungshaltung an sich selbst und erlauben sich nicht, so zu sein, wie sie gerade sind.

Mein Business ist natürlich professionell, denn wir achten sehr wohl auf bestimmte Eckdaten. Für uns bedeutet Professionalität, dass wir unsere Arbeit bestmöglich machen, mit bestmöglichem Effekt und dem bestmöglichen Ergebnis für unsere Kunden. Es bedeutet auch, dass wir aus unseren «Fehlern» lernen und unsere Leistung immer wieder optimieren. Ich lerne jeden Tag.

Früher wäre ein Call im Bikini für mich auch höchst unprofessionell gewesen. Heute helfe ich meinen Kunden damit, mehr Leichtigkeit in ihr Leben zu bringen. Das ist mein Ziel: mehr Leichtigkeit und Fülle in das Leben meiner Kunden zu bringen, damit sie es so leben, wie sie es wirklich wollen. Ich bin also ein Vorbild für einige, gefalle jedoch nicht allen. Das ist gut so.

Oft verhindern die vielen Gedanken darüber, wie du sein sollst, dass du so bist, wie du bist. Und diese Gedanken halten dich davon ab, dich nach außen zu zeigen. Du bist magnetisch für andere, wenn du dich zeigst. Wir verstecken so viel, bis jemand kommt, der einfach echt ist. Das triggert dann die anderen, die es zurückhalten. Und dann kommt eine, die im Call einen Bikini trägt. Wie kann man nur? Ich habe so viel Geld für dieses Programm bezahlt, und sie sitzt da leicht bekleidet vor der Kamera. Es triggert, weil so viel nicht Erlaubtes zum Vorschein kommt. Was wäre, wenn es genau das ist, das dir fehlt, um aus deiner Deckung herauszukommen? Jeder Trigger zeigt dir deine Limitierungen und deine Glaubenssätze auf, die du loslassen darfst. Es bedeutet natürlich nicht, dass ich mit Absicht jeden Call im Bikini mache. Es hat sich so ergeben und ich habe es damals so entschieden. Es soll einfach ein Beispiel sein und nicht darum gehen, dass du ab jetzt in Meetings im Bikini erscheinst, weil Beate das so gesagt hat.

Das Streben nach Professionalität ist letztendlich nur eine Version des Glaubenssatzes «Ich bin nicht gut genug». Er beinhaltet die Furcht vor einer Person, die dich bewertet. Wie früher in der Schule. Da stand jemand vorn und hat erklärt, was richtig oder falsch ist, was geht und was nicht machbar ist. Eine Person, die sagte, dass du dich mehr anstrengen musst oder etwas nicht gut genug gemacht hast. Aus diesen langjährigen Programmierungen haben wir abgeleitet, wie etwas sein soll, und orientieren uns daran. Du wunderst dich dann, dass dein Business nicht funktioniert, aber es kann nicht gelingen, weil es nicht deins ist. Solange du alten Vorgaben folgst, die nicht zu dir passen, kannst du keinen echten Erfolg haben. Damit meine ich, dass du dir gefällst, auf dich hörst und von innen heraus glücklich bist.

Wenn du dich mit den gelernten Vorgaben, was richtig oder falsch ist, und z. B. im Anzug, mit wissenschaftlicher Sprache wohlfühlst, dann kaufen dich die entsprechenden Menschen, die das auch mögen. Sie passen dann zu dir und du passt zu ihnen. Das ist super. Ich wäre in so einem Muster nicht authentisch.

Zu mir passt der Call vom Sofa aus, in jeder Umgebung, die dazu passt, wie ich mich fühle. Das kann manchmal auch ein sehr schickes, glitzerndes Kleid sein. Das entscheide ich nach dem, wie ich mich fühle. Für mich gibt es nicht das einzig Richtige. Das Richtige ist das, was sich in dem Moment gut anfühlt. Auch hier gilt der wichtigste Satz von Bob Proctor: *Es ist nicht das, was du machst, sondern wie du es machst.* Wenn du also dein Business so machst, wie es zu dir passt, wie du es liebst, dann ist alles perfekt. Und wenn du dich in lockerer Kleidung unwohl fühlst, gestaltest du deine Calls anders. Nur weil es für *mich* leicht ist, muss es nicht zu *dir* passen. Wenn du es tust, weil du meinst, es wirke locker und frei, fühlst dich aber nicht so, dann spielst du wieder eine Rolle. Das Wichtigste ist, dass du selbst weißt, wer du bist, und dich so präsentierst. Auch das ist ein Prozess des Lebens, dass du immer mehr erkennst, was du magst, wie du dein Leben haben willst, womit du dich wohlfühlst. Wenn du das noch nicht weißt, darfst du dich ausprobieren und deine Erfahrungen machen, bis du die Version von dir selbst gefunden hast, die du in Wahrheit bist und liebst. Die Menschen im Außen helfen dir dabei, es mehr und mehr herauszufinden. Jeder, den du bewertest, sagt wieder etwas über dich aus. Er gibt dir die Erkenntnis, was dir gefällt oder nicht gefällt. Mehr ist es nicht. Es darf alles parallel existieren. Das ist Fülle. Und du wirst die Menschen ansprechen, die zu dir passen. Zu mir kommen eher wenige bis keine Menschen, die Anzugträger mögen, sondern die, die Frauen im Blumenkleid gut finden. Professionalität ist also weniger eine Checkliste, die es abzuarbeiten gilt, sondern ein authentisches Gesamtbild von dir.

GELD

Geld hat mich lange Zeit sehr motiviert.

Ich wollte immer viel Geld haben. Schon als kleines Mädchen wollte ich reich sein. Ich wollte so viel Geld haben, dass ich mir darüber keine Gedanken machen muss, ob ich mir etwas leisten kann oder nicht. Für mich war es immer sehr stressig, wenn meine Eltern früher sagten, dass wir uns etwas nicht leisten konnten. Deshalb war die Motivation groß, immer mehr Geld zu bekommen. Dabei ging es weniger direkt ums Geld, sondern darum, in Freiheit zu leben und eine Wahl zu haben. Es ging mir darum, frei entscheiden zu können, ohne auf einen Preis achten zu müssen, ohne zu überlegen, ob ich es mir leisten kann. Dabei habe ich natürlich Glaubenssätze übernommen, wie das Geld zu mir kommt. Der am weitesten verbreitete ist, dass du für dein Geld hart arbeiten musst. So habe ich geglaubt, dass ich mich richtig anstrengen und wirklich viel dafür leisten müsse. Ganz nach dem Motto: Je mehr ich mache, desto mehr kann ich verdienen. Und irgendwann habe ich gesehen, dass diese Rechnung nicht aufgehen kann. Am Anfang, als ich noch nebenberuflich Seminare gab, stellte ich fest, dass die Zeit, die ich zur Verfügung hatte, gar nicht ausreichte, um so viele Einnahmen zu generieren. Ich folgte zusätzlich dem Glaubenssatz, dass ich Zeit gegen Geld tausche. Solange ich diese beiden Glaubenssätze verinnerlicht hatte, konnte ich nicht viel Geld in mein Leben ziehen. Als mir das bewusst wurde, stellte ich außerdem fest, dass mein Unterbewusstsein glaubte, ich als Frau könne nicht viel Geld verdienen. So sehr ich es genoss, mehr Geld zu haben und nicht mehr auf Preise achten zu müssen, so sehr blockierte mich dieser aufkommende Glaubenssatz. Als kleines Mädchen habe ich tatsächlich gedacht, ich müsste einen reichen Mann heiraten, um reich zu sein. In meiner Welt gab es keine Frau aus einer Arbeiterfamilie, die reich geworden ist. Ich hatte also keine Referenz, dass es für mich auch möglich sei. Dann verliebte ich mich in meinen Mann, der zwar nicht reich war, von dem ich aber viel über das «Fülle-Mindset» lernen durfte. Er kaufte ein, ohne auf den Preis zu achten. Er wählte Dinge aus, die von hoher Qualität waren. Lieber wartete er, dafür kaufte er dann das, was er wirklich haben wollte. Wir sind essen gegangen und er wählte das Essen aus, was er haben wollte, auch wenn es den höchsten Preis auf der Karte hatte. Ich weiß noch, wie ich deshalb immer wieder mit ihm einen Streit angefangen habe, weil es für mich unmöglich war, so etwas zu tun. Ich habe es lange nicht verstanden, wie wertvoll er mir Fülle vorgelebt hat. Es war direkt vor mir und ich habe mich trotzdem davon abgeschnitten und achtete kleinlich auf den Preis, um ein paar Euros zu sparen. Das Gefühl dahinter war: Ich darf mir nicht so etwas Teures erlauben. Ich habe doch kein Geld. Damit habe ich mir immer wieder suggeriert, dass ich arm und es nicht wert sei.

Ich stellte zudem fest, dass ich mich dadurch von reichen Menschen abschnitt. Was bedeutet «abschneiden»? Ich wollte reich sein, gleichzeitig dachte ich, dass es für mich nicht möglich sei. In meiner Welt gab es die Reichen und die anderen. Ich habe zu den anderen gehört. Es war mir unmöglich, mir vorzustellen, dass ich in Fünfsternehotels wohne, in der Businessclass oder sogar einem Privatjet fliege. Um ehrlich zu sein, habe ich noch nicht mal versucht, es mir vorzustellen. Wie schon gesagt, es war in meinem Raum der Möglichkeiten nicht vorhanden. Und genau da liegt die Schwierigkeit. Solange du es noch nicht mal als Möglichkeit in dein Leben einlädst, kannst du es nicht in dein Leben ziehen.

Es reicht nicht, unsere Glaubenssätze auf einer bewussten Ebene zu verändern und uns ständig einzureden, dass es leicht sei, Geld zu verdienen. Ja, Affirmationen helfen. Wenn wir aber versuchen, unseren Glaubenssatz mit Anstrengung zu verändern und es innerlich nicht glauben, wird es trotz harter Arbeit nicht funktionieren. Es gibt einen anderen Weg, wie du deine Glaubenssätze verändern kannst. Wenn du die neuen Sätze durch Wiederholungen in dich aufnimmst und dabei in einem entspannten Zustand bist, gelingt es einfacher. Du fütterst dein Unterbewusstsein behutsam mit neuen Informationen und fängst an, dich anders zu verhalten. Durch die Wiederholung der neuen Sätze, die beschreiben, wie du es haben willst, und der Erstellung eines inneren Bildes, das zeigt, wie es sich anfühlt, leicht Geld zu verdienen, kann es dir einfacher gelingen. Frage dich, wie es sich anfühlen würde, wenn es leicht wäre, Geld zu verdienen. Wie würdest du dich verhalten? Was kannst du in deinem Verhalten sofort verändern?

Ein Beispiel macht es deutlich: Früher habe ich, anders als mein Mann, im Restaurant zuerst auf die Preise geschaut. Dann habe ich entschieden, was ich esse. Das Kriterium, nach dem ich gewählt habe, war nicht, auf welches Essen ich Lust hatte, sondern was es gekostet hat. In der Regel habe ich das Essen im mittleren Preis-Bereich gewählt. Ich habe mich als durchschnittlich gesehen und entsprechend habe ich gewählt. Das hat zu meiner Identität gut gepasst.

Genauso war es beim Einkaufen von Kleidung. Ich schaute zuerst auf das Preisschild und entschied dann, ob ich etwas kaufte oder nicht.

Du kannst sofort deine Abhängigkeit von Preisen und deren Höhe beenden, wenn du dich fragst, was du wirklich haben willst. Worauf habe ich Lust, was gefällt mir? Das ist ein Training, das Zeit braucht. Du musst das dann nicht kaufen, aber schau dich um und fühle, was dir wirklich gefällt. Seit ich das verstanden habe, schaue ich nicht als Erstes auf das Preisschild. Ich schaue mir zuerst an, ob mir die Kleidung gefällt. Entscheiden kann ich dann immer noch, ob ich es kaufe oder nicht. Wenn ich entscheide, dass es mir es nicht wert ist, sage ich mir: Wenn ich wollte, könnte ich es mir kaufen, aber ich will nicht. Das ist eine ganz andere Botschaft an mich. Probiere es unbedingt aus. Heute entscheide ich nur noch danach, ob mir etwas gefällt und ob ich es haben möchte – ich blende die Preise aus. Trotzdem habe ich schon oft ein reduziertes Kleidungsstück gekauft, weil es mir einfach am besten gefallen hat. Und dann freue ich mich umso mehr, dass ich beschenkt wurde. Das ist ein ganz anderes Gefühl. So erfahre ich mehr über mich und das, was ich wirklich haben will.

Bevor du weiterliest, schließe deine Augen und denke einen Moment darüber nach, welche Glaubenssätze du zum Thema Geld hast. Wenn du möchtest, schreibe sie auf einen Zettel und hebe ihn bis zum Ende dieses Kapitels auf.

Für viele ist Geld ein sehr angstbesetztes Thema. Es existieren so viele Limitierungen wie sonst bei nichts anderem. Vielleicht noch bei Sex, auch da sprechen die wenigsten offen und ehrlich, und viele haben einschränkende Vorstellungen.

Über Geld spricht man nicht – und wenn, dann ist nie genug Geld da. Geld wird in der Regel als Mangel gesehen. Geld ist ein Tabuthema und allein dadurch, dass wir nicht darüber sprechen, machen wir einen Mangel daraus. Es wird aus der Kommunikation ausgeblendet, obwohl es die meisten Menschen so stark beschäftigt. Mangel heißt: Ich habe Angst, es zu verlieren, ich bekomme nicht genug. Weil es Mangel ist und die meisten das Geld horten und Angst haben, es zu verlieren, sind sie automatisch nicht großzügig. Sie sind vor allem nicht großzügig zu sich selbst.

Der Ursprung dieser limitierenden Beziehung oder Meinung zu Geld ist gut nachvollziehbar. Meist haben wir es als Kinder zu Hause so gelernt und es wird uns von der Gesellschaft widergespiegelt. Welche Sätze haben denn die meisten von uns als Kinder gehört? «Geld verdirbt den Charakter», «das können wir uns nicht leisten», «du kannst nicht alles haben» oder «Geld macht auch nicht glücklich». Wenn wir mit diesen Sätzen groß werden, ist es kein Wunder, dass Geld als etwas Schlechtes in unserem Unterbewusstsein abgespeichert wird. Wir schwingen dann automatisch in einer niedrigen Frequenz, sobald es ums Geld geht.

Was ist Geld, wenn wir alle Glaubenssätze und Emotionen davon abtrennen? Letztendlich ist es nicht mehr als ein Tauschmittel. Früher haben die Menschen Tiere, Lebensmittel oder Ländereien gegeneinander getauscht. Irgendwann wurde das Geld erfunden, weil es für die Menschen zu anstrengend war, ihre Waren immer hin- und herzuschleppen.

Wenn ich meinen Glaubenssatz zu Geld ändern möchte und mir sage: «Ich bin Millionärin» oder «Ich liebe Geld und Geld liebt mich», dann streikt erst mal mein Verstand. Meine innere Stimme spielt dann nicht mit. Sie ruft mir zu: «Hör auf mit dem Quatsch und guck mal auf dein Konto!» Wie schaffe ich es also, meine Frequenz schon jetzt in Millionenhöhe zu bringen? Ich habe mich schon früher so gefühlt und mir Dinge erlaubt, die ich mir als Millionärin erlaube. Wenn ich mir vorstelle, dass ich als Millionärin dreimal in der Woche von einem privaten Masseur eine Behandlung bekomme, dann kann ich mir überlegen, wie ich das im jetzigen Alltag schon umsetzen kann. Ich leiste mir schon jetzt regelmäßig eine Massage in einem Wellnesstempel. Und wenn du jetzt denkst, dass du im Moment einfach kein Geld übrighast, kann ich dir nur sagen: Geld ist doch nie wirklich übrig, oder? Mit dem Durchschnitts-Mindset haben wir immer so viel Geld, wie wir brauchen. Also so viel, dass wir unsere Ausgaben gut decken können. Wenn du keine Verwendung für Geld hast, kommt kein Geld. Klingt komisch, ist aber so. Du gibst Geld ins System rein und bekommst es zurück. Dazu erzähle ich dir gleich noch meine Erfahrungen.

Geld hat immer den Wert, den du ihm gibst, und ist immer eine Form von Wertschätzung. Nicht nur für den, dessen Rechnung du bezahlst, sondern vor allem auch dir selbst gegenüber. Wenn du dir etwas wünschst und wirklich fühlst, dass du es haben willst, sage nicht: «Ich kann es mir nicht leisten.» Du manifestierst dir dadurch immer mehr Situationen, die dir genau das spiegeln: «Ich kann es mir nicht leisten.» Ich vermeide es, solche Sätze zu sagen wie: «Das kann ich mir nicht leisten» oder «Das ist mir zu teuer.» Es gibt nur «will ich» oder «will ich nicht». Wenn ich etwas wirklich will, frage ich mich, wie ich mir das möglich machen kann. Wenn ich im Moment aufgrund meiner finanziellen Situation entscheide, etwas nicht zu kaufen, sage ich mir: «Ich will es gerade nicht.» Denn die Wahrheit ist, wenn ich es ganz tief wollen würde, könnte ich es mir sicherlich möglich machen. In manchen Situationen ist mir der Aufwand vielleicht zu hoch oder ich will den Preis dafür nicht bezahlen. Es ist in dem Fall nicht die Energie von: «Ich Arme habe das Geld nicht, würde aber so gern». Es ist die Energie von: «Jetzt nicht. Punkt». Kein Bedauern, keine Opferhaltung, Klarheit pur.

Ich fühle in mich hinein und entscheide mich entsprechend: Ja oder Nein. Beides ist fein.

Eine weitere limitierende Haltung, die wir von den Erwachsenen übernommen haben: Wir müssen uns entscheiden und das Wichtigste wählen. Wir können ja nicht alles haben. Eins nach dem anderen. Das Leben ist schließlich kein Ponyhof. Das habe ich auch lange geglaubt. Wenn das Universum doch grenzenlos ist, wenn wir grenzenlos sind, gibt es kein «entweder oder». Wenn ich mehrere Sachen haben will und es finanziell außerhalb meiner Komfortzone liegt, frage ich mich: «Wie kann ich mir alles möglich machen?» Ich bin davon überzeugt, dass es kein «entweder oder» sein muss. Klar, ich kann mich zunächst für eine Sache entscheiden und dann für eine andere, aber warum nicht das wählen, was ich wirklich haben will?

Dieses Paradigma «eins nach dem anderen» habe ich bei mir erfolgreich verändert. Es gab Zeiten, da hatte ich vier Coaches gleichzeitig. Es war für mein System schwer nachzuvollziehen, wie ich vier Coaches parallel haben kann. Ich weiß aber noch, wie sehr ich den Impuls hatte, mich unterstützen zu lassen. Dann sind die richtigen Coaches in mein Leben gekommen, und ich fühlte, ich muss es machen. Es war ein so starkes Gefühl, obgleich mir die Stimme in meinem Kopf sagte: «Jetzt reicht es doch», «Du hast doch schon einen Coach», «Übertreib es nicht.» Ich habe es trotzdem gemacht und einen Coach nach dem anderen gebucht. Das war für mich eine krasse Ausdehnung und eine extreme Wertschätzung mir selbst gegenüber. In dieser Zeit sind mein Business und ich extrem gewachsen. Es war Fülle pur. Hier möchte ich ergänzen, dass ich nicht sage, du bräuchtest vier Coaches parallel. Das waren meine Impulse und das war mein Weg. Deiner kann komplett anders aussehen, den kann dir niemand vorhersagen. Du selbst wirst ihn finden und gehen. Das ist wichtig, obwohl wir es am liebsten hätten, dass uns jemand anderes sagt, wie es richtig ist. Auch das ist ein Paradigma, das wir in der Schule gelernt haben. Der Lehrer steht vorn und sagt uns, was zu tun ist. Er entscheidet auch darüber, was richtig und was falsch ist.

Zum Thema «Geld investieren» möchte ich kurz noch auf das Thema «Kaufverhalten» eingehen – egal ob das ein Kleidungsstück ist oder eine Investition in deine Weiterbildung. Wir neigen oft zur Formulierung: «Das brauche ich nicht». An dieser Stelle möchte ich betonen: Es geht nicht um das «Brauchen». Es geht darum, es zu fühlen und sich diese Erfahrung zu erlauben. Egal ob das ein Coaching ist oder eine schöne Hose, die du haben willst. In der Regel können wir es nicht erklären. Du fühlst es einfach, das reicht aus.

Das ist eine enorme Wertschätzung gegenüber dir selbst. Zudem sendest du an dein Unterbewusstsein das Signal, dass du dir und deiner Intuition vertraust. Ich folge meinen Impulsen und weiß, dass es für mich richtig ist. Ich hinterfrage mich und meine Intuition nicht. Das heißt nicht, dass ich immer nur kaufe. Ich fühle rein und es ist ein Gefühl von: Ich weiß es einfach. Manchmal kommen Mangelgedanken oder Geschichten, die das hinterfragen wollen. Du weißt es, wenn du ganz ehrlich bist, ob du dir eine Geschichte erzählst. Gerade beim Shoppen ist mir das wichtig. Kaufe ich, weil ich dann etwas darstelle, weil es reduziert oder gerade in Mode ist? Das sind alles keine Gründe für mich, etwas zu kaufen. Ich kaufe, weil ich fühle, dass ich es mir jetzt kaufen darf. Vielleicht kennst du das Phänomen, dass, wenn du dir vornimmst, etwas zu kaufen, du nichts Passendes findest. Dann gehst du einfach so, ohne Erwartungshaltung, in die Stadt und findest auf einmal die Sachen, die einfach zu dir passen und perfekt für dich sind. Das ist der Moment, in dem du bitte «Ja» zu dir sagst. Wenn ich in diesen Momenten «Ja» zu mir sage, fühlt es sich großartig an und die Sachen machen mir eine

Riesenfreude. Nicht aus dem Mangel heraus, dass ich es haben muss, sondern weil ich mich dabei wohlfühle und weiß, dass es für mich ist. Dadurch wird meine Energie angehoben. Ich habe schon oft Kleidungsstücke gekauft, die ich mich kaum getraut habe zu kaufen, weil sie mich aus meiner Komfortzone gebracht haben. Oft waren es Kleider, die extrem auffallend waren, für mich einen herausfordernden Preis hatten und die ich mir selbst schlichtweg nicht ausgesucht hätte. Sie wurden mir von einer Modeberaterin gebracht, was sich sehr ungewohnt anfühlte. Aber ich wusste, dass es mein nächster Schritt war in Sachen Millionärsidentität. Ich bin in diese Kleidung hineingewachsen. Sie hat meine Energiefrequenz verändert und mir geholfen, mich die Fülle spüren und verkörpern zu lassen. Dabei geht es nicht um die Kleider oder um Konsum. Es geht um die Erlaubnis, das zu wählen, was ich wirklich haben will. Ich habe sogar wahrgenommen, dass ich weniger konsumiere, dafür aber mein Geld viel bewusster investiere. Ich entscheide mich mehr für Sachen von hoher Qualität und die ich wirklich haben will. So besitze ich weniger Sachen, dafür aber solche, die ich liebe. Geld in sich zu investieren, zu sich «Ja» zu sagen und dann zu kaufen, kann ein Akt der vollen Wertschätzung sein oder nicht. Es kommt auf die Energie an, aus der heraus du etwas kaufst. Viele Menschen kaufen Dinge, weil sie es nicht aushalten, etwas zu fühlen. Dadurch versuchen sie, Freude in ihr Leben zu bringen. Das funktioniert nur kurzfristig.

Deswegen ist für mich die Bezahlung der Rechnungen auch ein Akt der Wertschätzung – zum einem gegenüber mir als auch gegenüber der Person, der ich das Geld überweise oder bar bezahle. Es ist ein Energieausgleich für etwas, das ich von dieser Person bekommen habe. Ich freue mich über Rechnungen, die ich erhalte, und überweise sie umgehend. Ich schreibe «Danke» darauf, weil ich dankbar bin, diese Leistung erhalten zu haben, und weil ich sie bezahlen kann. In den Überweisungen gebe ich in jedem Betreff ein «Danke» mit ein.

Selbst wenn ich einen Strafzettel bekomme, schreibe ich dazu «Danke» – für die Erinnerung, dass ich zu schnell gefahren bin.

Meine Erfahrungen, mich mit Geld auszudehnen, haben mich manche schlaflose Nacht, Tränen und Angstzustände gekostet. Je nachdem, wo ich gerade war, war der Prozess immer der gleiche. Ob das zu Beginn Ausgaben in Höhe von 2.000 Euro waren oder später sechsstellige Investitionen. Bevor es zu meinem Normal wurde, hat es mein System ganz schön durchgerüttelt. Jedes Mal war es eine große Überwindung, das Geld in mich zu investieren. Ich hatte einerseits Angst davor und andererseits war ich davon überzeugt, dass es mein Weg war. Egal wie viel Angst ich hatte, mein Gefühl, es machen zu wollen, hat immer überwogen, und ich habe auf diese Stimme in mir gehört. Ich wusste nie, wie es genau aussehen, aber dass es gut sein würde, weil ich es in dem Moment schon entschieden hatte.

Als ich anfing, in mich Geld zu investieren, und Seminare über Persönlichkeitsentwicklung buchte, waren 2.000 Euro für ein zweitägiges Seminar extrem viel Geld für mich. Das war das erste Mal, dass ich solche Seminare bewusst wahrgenommen habe. Ich weiß noch, wie ich damals verwundert war, dass solche Preise überhaupt abgerufen wurden. Das kannte ich bis dahin nicht. Ich sprach mit meinem Mann. Auch er meinte, dass die Summe viel zu hoch sei – schließlich kamen noch Fahrt, Verpflegung und Hotel dazu. Aber ich wollte dieses Seminar so unbedingt, mich hat es massiv angezogen – also habe ich es gebucht. Das war 2017. Ich bin so dankbar für diese Entscheidung, denn es war für mich der Start in eine neue Welt. Inzwischen habe ich mehrfach sechsstellige Beträge in mich investiert und jedes Mal habe ich Geld besser verstanden. Vor allem habe ich verstanden, was ich über Geld dachte und wie sehr ich mich früher von Geld abhängig gemacht hatte. Im Oktober 2022 habe ich einen sechsstelligen Betrag für ein Luxus-Retreat investiert, noch bevor ich einen einzigen Kunden dafür hatte. Ich hatte einen so starken Impuls und über Nacht entschieden, es zu machen. Es war eine Manifestation, die ich ein Jahr zuvor ganz genau gesehen hatte. Ich war so sicher, dass ich das mit meinen VIP-Kunden machen würde. Wie bei jeder Ausdehnung zuvor habe ich angefangen, das infrage zu stellen. Ich bekam Angst, dass ich diesmal komplett übergeschnappt wäre und alles verlieren würde. Einerseits diese große Angst und das «Infragestellen», andererseits der Impuls,

weiterzumachen und die Energie klar auf das gewünschte Endergebnis zu lenken. Dieser Zustand fühlt sich sehr unangenehm
an. Daraus entscheidet sich, was stärker ist. Durch den Fokus
auf das Endergebnis lenkst du die Energie in die gewünschte
Richtung und bestimmst, wie es weitergeht. Du hast es in der
Hand. Die meisten Menschen bleiben im Zweifel und können sich
in solchen Situationen nicht gut halten. Da kann dir jemand, der
das schon selbst erlebt hat, sehr gut helfen. Es geht vor allem
darum, wahrnehmend zu sein und sich immer wieder darauf auszurichten, wo du sein willst. Egal wie sehr ich zweifle und Angst
habe, spüre ich auf der anderen Seite dieses starke Vertrauen in
mich, dass es einfach gut sein wird. Und es wurde auch in diesem
Fall gut, denn sechs Wochen später war das Retreat komplett
ausgebucht.

Für mich ist die leichteste Weise zu wachsen, wenn ich von
Mentoren lerne, die dort sind, wo ich sein will. Ich muss sie nicht
suchen, ich habe die Erfahrung gemacht, dass sie einfach da sind,
wenn ich bereit bin zu lernen. Irgendwann habe ich entschieden,
dass ich nicht mehr so hart arbeiten will, mehr weibliche Energie
in mein Business bringen und in meinem Leben mehr Geld haben
möchte. Das habe ich entschieden und in mein Journal aufgeschrieben, wie mein Leben dann aussehen würde. Zusammen-
gefasst sah das Ergebnis so aus, dass ich weniger arbeite, immer
mehr als genug Geld habe, von überall aus der Welt arbeite und

an meinem Tun Freude habe. Ich habe das noch konkreter beschrieben und immer wieder gefühlt, wie es wäre, wenn es zu meiner Realität wird. Es fühlte sich großartig an und ich wurde immer konkreter und spezifischer. Was mir in meinem Leben schon gut gefallen hat, habe ich verstärkt, und was mir nicht gefallen hat, habe ich verändert, indem ich mir das aufgeschrieben habe, was ich haben wollte. Was ich nicht mehr haben wollte, habe ich zwar wahrgenommen, aber dem nicht allzu große Aufmerksamkeit geschenkt. Mein Fokus ging auf mein gewünschtes Ergebnis. Ich habe mich mit meinen Träumen beschäftigt und manchmal auch tagsüber einfach mal vor mich hingeträumt. Das sind sehr starke Manifestationsmomente. Wenn ich zum Beispiel bei uns im Wald spazieren war, habe ich mir vorgestellt und gefühlt, wie ich an einem Traumstrand laufe. Je häufiger ich das machte, desto leichter fühlte es sich an und desto kraftvoller war mein Gefühl dazu.

Auf einmal zeigte sich mir meine neue Mentorin. Ich suchte bewusst keine Mentoren, die mir helfen oder mir etwas beibringen. Ich habe mich «nur» mit meinen Träumen beschäftigt und wollte Geld besser verstehen lernen. Meine Mentoren kamen zu mir, als die Zeit dafür reif und ich für meinen nächsten Schritt bereit war. Ich fragte nach mehr Geld und es kam nicht mehr Geld. Es kamen Menschen in mein Leben, die mehr Geld hatten und von denen ich lernen konnte. Es war nicht so, dass ich mich gefreut hatte und dachte: «Endlich ist sie da». Ganz im Gegenteil.

Ganz oft habe ich gedacht: «Oh, nein», weil mich diese Menschen total getriggert haben. Ich sah die Preise und schrie: «Was? So viel? Spinnt die? Was ist das denn für eine Tussi?» Ich habe also stark bewertet, besonders diejenigen, die mir später so enorm geholfen haben. Bei der Manifestation ist es wichtig, zu empfangen und zu nehmen. Jetzt war also diese Mentorin in mein Leben getreten und ich habe die Anziehung gespürt. Ich dachte: Die macht pro Monat einen sechsstelligen Umsatz? Ist das möglich? Als ich nach mehr Geld fragte, wusste ich nicht, dass man als Coach monatlich einen sechsstelligen Betrag verdienen kann. Es war noch gar nicht auf meinem Horizont. Und dann begegnet dir diese Chance und es liegt an dir, sie zu ergreifen. Wenn du dann sagst: «Nein, das ist mir zu teuer, das ist es mir nicht wert, ich habe ja schon einen Coach» oder «Eins nach dem anderen, ich mache das nächstes Jahr», dann sagst du dem Universum: «Ich will das nicht, was du mir schickst. Ich habe zwar danach gefragt, aber lass es ...» Wenn meine Manifestationen da sind, sage ich «Ja». Es bedeutet nicht, dass es mir leichtfällt. Ich sage trotzdem «Ja» und damit committe ich mich für meinen nächsten Schritt. Egal was mir mein Kopf sagt, ich bleibe bei der Entscheidung und fokussiere mich mit meiner Energie auf das, was ich haben will. Nach der Entscheidung, fast 100.000 Euro in mich zu investieren, ging es mir erst mal gut und dann gar nicht mehr gut. Heute kenne ich das sehr gut, wenn die Ausdehnung besonders groß ist. Meine Reaktion damals war, dass ich geweint habe und körperliche

Reaktionen hatte. Es lag so außerhalb meiner Komfortzone, dass ich mich sogar übergeben habe und mehrere Male am liebsten die Entscheidung rückgängig gemacht hätte. Ich bin geblieben. Wie jedes Mal. Ich hatte das Universum nicht nach «diesen teuren Coachings» gefragt, aber ich habe nach den Millionen gefragt. Ich habe nach mehr Leichtigkeit und nach mehr Freude gefragt. Dadurch, dass ich danach gefragt habe, ist jemand Neues in mein Sichtfeld gekommen. Mein Verstand hat mir unterschiedliche Geschichten erzählt, um mich davon abzuhalten: «Nein, das fühle ich nicht, ich habe nicht den Impuls.» Dann habe ich mich ehrlich gefragt: «Wenn alles möglich ist, wie willst du es haben?» Ich wusste natürlich, dass ich es buchen würde, habe die Entscheidung getroffen und diese Summe in mich investiert.

Ich habe in Raten à 10.000 Euro bezahlt, weil ich keinen Kredit aufnehmen wollte und wusste, dass ich 10.000 Euro pro Monat bezahlen kann. Ich wusste es einfach, weil ich es entschieden habe. Das war schon verrückt! Und dann wurde es noch verrückter. Ich habe nach drei Monaten in diesem VIP-Coaching ein weiteres 100.000-Euro-Coaching gekauft, weil ich das wieder gefühlt habe. Absoluter Wahnsinn. Der Prozess ging von vorn los: Wieder diese Gefühle, das «Infragestellen» und die Angst. Ich habe es diesmal niemandem erzählt – weder meinem Mann noch meinem Team. Es war so verrückt. Wem sollte ich das erzählen? Ich bin gerade in einem fast 100.000-Euro-Coaching, wie kann ich jetzt noch mal 100.000 Euro investieren? Und das nur mit der Begründung: «Ich hatte den Impuls ...» Ich traute mich nicht, das zu erzählen. Ein Gefühl der Scham war auch dabei. Ich habe das selbst infrage gestellt und war nicht bereit, mir die Zweifel der anderen anzuhören. Auf der anderen Seite habe ich entschieden, dass es großartig sein wird. Ich hatte folgendes Bild vor Augen: Ich würde meinem Mann später erzählen, dass ich das Geld investiert habe und dann sagen: «Schau, jetzt ist die Million da.» Ich wusste einfach, dass dieses Coaching genau das war, was ich wollte. Dabei geht es weder um den Coach noch ums Coaching. Ich wollte diese Erfahrung machen und wusste, dass darin ein großes Geschenk auf mich wartete. Und so kam es dann auch. Bereits einen Monat nach meiner zweiten großen Investition war mein eigener Monatsumsatz sechsstellig.

Vielleicht denkst du jetzt, dass es für mich einfach war, solche Summen zu investieren, weil ich schon ein Business hatte und die universellen Gesetze kannte. Nein, es war nie einfach. Ich komme aus dem sozialen Bereich und es gab Zeiten, in denen ich um die 1.000 Euro netto verdiente. Ich habe damals schon in mich und meine Weiterbildung investiert. Wichtig war, dass ich mich zu jedem Zeitpunkt darauf fokussiert habe, was ich bereits habe und wofür ich dankbar bin. Seit ich denken kann, glaube ich, dass ich Geld habe. Ja, ich habe immer Geld. Dieses Gefühl begleitet mich und ich freue mich über mehr. Das ist unabhängig davon, wie viel «mehr» das ist. Zudem glaube ich inzwischen, dass wir uns immer Geld möglich machen können, wenn wir etwas wirklich haben wollen. Ich habe eine Freundin, die 20.000 Euro in ein Coaching investiert hat, obwohl sie zwei kleine Kinder und kaum Geld hatte, um über die Runden zu kommen. Und heute hat sie ein stetig wachsendes Business mit Millionenumsätzen. Ja, sie wollte es so sehr und ermöglichte es sich. Natürlich geht es nicht nur darum, sich ein Coaching zu buchen, sondern auf die eigenen Ziele zuzugehen und niemals aufzuhören, bis das da ist, was man haben will.

Es kommt darauf an, welche Ziele du hast. Als meine Ziele größer wurden, wurden auch die Investitionen größer. Bevor ich mich selbstständig gemacht habe, habe ich mein Geld und meine Zeit vor allem in Fachwissen investiert. Ich dachte, es komme vor allem auf das Wissen an und darauf, dass ich auch mehr verdiene, wenn ich mehr weiß. Diese Vorstellung hat sich nicht erfüllt. Ich war sehr gut ausgebildet und ständig auf der Suche nach neuem Wissen, allerdings ohne mein Wissen zu verkörpern und umzusetzen. Ich habe nicht viel Geld verdient, obwohl ich gut ausgebildet war. Ich kenne auch sehr viele Menschen, die sehr gut ausgebildet sind und kein Geld verdienen.

Ich bin damit groß geworden, dass eine Ausbildung wichtig ist. Mein Leben war sehr stark auf Leistung ausgerichtet. Ich bin Diplompädagogin, Coach, Trainerin, Emotionscoach und DIN ISO zertifizierte ... irgendetwas. Ich bin dankbar, dass ich viel gelernt habe, aber wie schon gesagt: Meine Ausbildungen haben nicht wirklich dazu beigetragen, dass ich Geld verdiene. Sie haben mir nur gezeigt, dass ich viel theoretisches Wissen habe. Erst als ich die universellen Gesetze in der Tiefe verstanden habe und angefangen habe, das in meinem Leben umzusetzen, hat sich mein Leben verändert. Meine Glaubenssätze zum Thema Geld haben sich verändert. Du kannst das jetzt lesen und es bewegt dich gar nicht oder du denkst: «Krass, das will ich auch». Dann fängst du an, Schritt für Schritt dein Leben zu verändern, dir und deiner Intuition zu vertrauen und tiefer in die Themen einzusteigen. Du triffst eine Entscheidung für dich und lernst von Menschen, die das haben, was du haben willst. Du kannst nach einer Mentorin fragen und sie wird sich zeigen. Vielleicht magst du mehr von mir lernen, dann kannst du das auch gern. Ich freue mich.

Ich glaube, dass wir uns alles, was wir wollen, möglich machen können. Ich habe viele Wunder in meinem Leben erlebt und im Leben meiner Kunden. Eine Teilnehmerin z. B. kam in mein Programm und wusste nicht, wie sie 12.000 Euro bezahlen soll. Sie entschied sich für eine Ratenzahlung und fühlte echtes Kribbeln dabei. Ich kenne dieses Gefühl, wenn ich mich für solche Ausdehnung entscheide. In den ersten Wochen unserer Zusammenarbeit machte sie ca. 30.000 Euro Umsatz und nach einem Jahr hatte sie ihren ersten sechsstelligen Monat. Das sehe ich als ein echtes Wunder. Vor unserer Zusammenarbeit hatte sie das noch nicht einmal im Jahr umgesetzt. Ich bin so begeistert von solchen Erfolgen und schreibe das, um dir Mut zu machen. Wenn ich das kann oder jemand anders, dann kannst du das auch, sofern du das möchtest.

Es geht jedoch nicht darum, einfach viel Geld in Coachings zu investieren, um mehr Geld zu verdienen. Nicht nach dem Motto: je teurer, desto besser. Auf keinen Fall. Es geht darum, dass du dir die Erlaubnis gibst, das zu kaufen, wohin es dich wirklich zieht und wo du die Energie spürst. Allein die kraftvolle Entscheidung, dass du es machst, kann dein Leben verändern. Bei mir war es so, dass ich mich durch solche Entscheidungen auch innerlich auf das Ergebnis, das ich erzielen wollte, ausgerichtet habe. Dazu gehört auch, dass du die Dinge tust, die dein Coach dir sagt. Bei mir waren das oft Dinge, die ich nicht machen wollte, weil sie mich aus meiner Komfortzone brachten. Die Entscheidung für ein neues Coaching, die Einstellung, dass du alles so weitermachen kannst wie bisher, und die Hoffnung, dass dann etwas anderes zu dir kommt – das alles funktioniert nicht.

Immer wieder erlebe ich in meinen Coachings, dass Teilnehmer eine enorme Transformation durchlaufen und anfangen, sich zu vertrauen und einfach das zu machen, was ihre Intuition ihnen sagt. Sie kennen nicht immer den ganzen Weg und spüren Angst oder einen Widerwillen gegen das, was ich ihnen vorschlage zu tun. Und danach explodiert ihr Business und sie bekommen ihre Investition um ein Vielfaches zurück.

Es gibt aber auch die, die an ihrem alten Verhalten festhalten und sich kein Stück bewegen. Egal, wie viel Geld sie investieren. Wenn du nicht bereit bist, deine alten Muster abzulegen, wird sich nichts ändern. Wenn du dir vertraust, ein Coaching zu buchen, dann vertraue auch auf das, was dein Coach dir sagt. Frage dich also vor einer Investition in ein Coaching, ob du «coachbar» bist. Ich selbst bin es absolut. Wenn ich mich zu einem Programm hingezogen fühle, dessen Preis außerhalb meiner Komfortzone liegt, und ich mir eine Teilnahme ermögliche, dann tue ich alles, was dort vorgegeben wird. Aus irgendeinem Grund hat es mich ja dorthin gezogen. Auch wenn ich es blöd finde, ich mache es einfach! Ich committe mich. Vor allem bezahle ich es sofort, dadurch fließt die Energie auch sofort. Auch das ist ein wichtiger Punkt. Manche zahlen ihre Rechnungen nicht und hoffen auf eine Veränderung. Sie schämen sich dafür, dass sie ihre Rechnung nicht bezahlen, und glauben trotzdem, dass eine Veränderung kommt. Aber auch dann bewegt sich nichts, denn durch die Energie der Scham kommen sie nicht in die Energie der Fülle und Freude. Sie weichen aus, meiden die Konfrontation und warten auf ein Wunder. Das Wunder, das geschieht, wenn sie alles so lassen, wie es ist, und bei dem sich quasi von allein etwas ändert. Das ist keine gute Strategie.

Wenn du vorhin deine Glaubenssätze zum Thema Geld auf einen Zettel geschrieben hast, schau dir jetzt noch mal diesen Zettel an. Stehen dort Sätze, die für eine gute und leichte Beziehung zu Geld sprechen, also Sachen wie «Ich liebe Geld und Geld liebt mich»? Oder sind es eher schwere, anstrengende und hinderliche Sätze, die du notiert hast? Wenn sie leicht und förderlich sind, dann schreibe sie auf größere Zettel und hänge sie verteilt in deiner Wohnung auf. Wenn sie eher schwer und hinderlich sind, dann verbrenne den Zettel und fange an, neue Glaubenssätze für dich zu formulieren. Anregungen hast du in diesem Kapitel sicher bereits bekommen. Falls es dir schwerfällt, positive Glaubenssätze zu Geld zu formulieren, kannst du mit den folgenden beginnen:

- Ich bin ein Geldmagnet.
- Geld fließt leicht und in großen Summen in mein Leben.
- Ich liebe Geld und Geld liebt mich.
- Ich habe immer genug Geld.
- Geld verdienen ist einfach.
- Kluge und intelligente Menschen sollten immer viel Geld haben.
- Ich verdiene es, Geld zu haben.
- Ich gebe Geld großzügig und mit Dankbarkeit weiter.
- Ich fühle mich wohl mit viel Geld.
- Ich bin es wert, Geld zu erhalten.

- Ich habe das Recht auf Fülle und Wohlstand.
- Es ist okay, über Geld zu sprechen.
- Ich habe immer mehr Geld, als ich brauche.
- Ich darf mehr Geld haben als meine Eltern.
- Ich bin dankbar für das Geld, das ich habe.
- Je mehr ich verdiene, desto mehr Gutes kann ich tun.
- Jeden Tag kommt mehr Geld zu mir.
- Geld macht sexy.
- Geld zeigt den wahren Charakter.
- Ich erlaube mir, viel Geld zu haben.

EMPIRE

ZITRONENKUCHEN-COACHING

Wenn du lebst, was du lehrst, zieht sich das durch alle Bereiche deines Lebens. Da kann sogar ein Kuchenrezept zur Persönlichkeitsentwicklung beitragen.

Zum Geburtstag jedes Familienmitglieds gab es früher traditionell einen Zitronenkuchen, den mein Mann gebacken hat. Jeder liebte diesen Kuchen, weil er locker, leicht und einfach nur lecker war. Irgendwann habe ich diesen Kuchen gebacken, weil mein Mann geschäftlich unterwegs war. Meine Variante schmeckte nicht annähernd so gut wie die, die wir alle so sehr mochten. Aus irgendeinem Grund habe ich auch die nächsten Geburtstagskuchen gebacken und kam so in Routine, sodass auch mein Backwerk mit jedem Mal besser und schmackhafter wurde. Einige Feste später bat ich meinen Mann, das Backen wieder zu übernehmen. Das Ergebnis überraschte alle, denn sein Kuchen war hart und nahezu ungenießbar. Aufgrund meiner inzwischen erlernten Routine wusste ich, welchen Fehler er bei der Zubereitung gemacht hatte, und sagte es ihm. Das Mehl muss ganz langsam dazugegeben und langsam untergerührt werden. So steht es im Rezept und so hat er es auch lange Zeit gemacht.

Auf meinen Hinweis reagierte er gereizt: «Ich backe den Kuchen, oder? Back doch deinen Kuchen selbst.» Das habe ich dann auch getan.

Im nächsten Jahr die gleiche Situation. Mein Mann backt, der Kuchen misslingt. Wieder mein Hinweis, wieder seine gereizte Reaktion: «Ich weiß, wie dieser Kuchen gemacht wird. Du brauchst es mir nicht zu sagen.» Die Situation wiederholte sich noch ein paarmal, wobei ich mir meine Anmerkung verkniff, und plötzlich servierte er wieder einen perfekten Kuchen. Wir freuten uns über sein Meisterwerk und ich fragte ihn, was er dieses Mal anders gemacht habe. Er hatte sich das Rezept noch mal neu ausgedruckt und bewusst gelesen. Er hat sich damit intensiv auf das *Wie* eingelassen. *Was* er tun musste, war ihm klar. Durch das erneute Lesen hat er die Arbeitsschritte neu wahrgenommen und das Mehl anders hinzugefügt.

Fragst du dich jetzt, was diese Geschichte mit Coaching zu tun hat? In meinen Coachings geht es weniger darum, *was* ich mache. Meine Inhalte findest du bei zahlreichen anderen Anbietern auch. Es geht nicht allein um das Wissen, sondern um die Energie dahinter und *wie* ich es mache. Die Inhalte sind, wie die Zutaten eines Rezeptes, für alle gleich. Die besondere Zutat, die du bei mir bekommst, ist meine persönliche Energie, mit der ich dir das Wissen vermittle. Meine persönliche Interpretation des Wissens und die Art, wie ich es anwende, sind wertvoll und unterscheiden mich von anderen Coaches. Jeder ist einzigartig. Schau dir an, bevor du dich selbst für ein Coaching entscheidest, wie dieser Coach es macht. Stimmt das, was er macht, damit überein, was er sagt?

Außerdem zeigt diese Geschichte sehr schön, dass du immer das gleiche Ergebnis bekommst, wenn du immer das Gleiche machst. Sobald du bereit bist, dein Handeln zu verändern, erzielst du andere Ergebnisse.

Damit du dich selbst vom Geschmack und vor allem von der Herausforderung überzeugen kannst, die das Rezept mit sich bringt, gebe ich dir hier das Originalrezept.

Stefans Geburtstagskuchen

250 g. Margarine
300 g. Zucker, 2 Pckg. Vanillezucker } alles umrühren
4 Eier

Prise Salz
1 Zitrone
→ Schale reiben und Saft auspressen
500 g. Mehl
1 Pckg. Backpulver, langsam dazugeben und rühren
250 ml. Milch

Backofen vorheizen
1 Stunde backen bei 180° C Ober-/Unterhitze
5 min. stehen lassen im geschlossenen Backofen
5 min. stehen lassen im halboffenen Backofen

Wichtig: Form vorher einfetten und einmehlen!!!
Viel Spaß beim Backen!

DEIN WEG ZU MIR

Nichts ist beständiger als der Wandel, das ganze Leben ist Veränderung.

Daher ändern sich meine Angebote und Programme ständig, weil ich mich auch verändere. Wenn du dich durch dieses Buch inspiriert fühlst und gern in meinen Raum treten möchtest, kannst du auf meiner Homepage (www.greatness-academy. de) Informationen zu meinen aktuellen Programmen finden. Du findest mich auf Instagram, LinkedIn und Facebook unter meinem Namen und in meiner Facebook-Gruppe «Let's go Empire». Ich freue mich darauf, dich ein Stück auf deinem Weg in die Fülle zu begleiten.

Allerdings kann das Arbeiten mit mir auch überraschende Folgen haben.

«Das ist doch eine Sekte», haben kritische Beobachter schon mal vermutet.

Ich weiß, dass ich nicht normal bin und dass im Normalen nur normale Ergebnisse möglich sind. Ich suche das Außergewöhnliche und hebe mich von dem ab, was wir in unserer Gesellschaft als normal betrachten. Alles, was wir im Außen sehen, was nicht dem vermeintlich Normalen entspricht, das wir unterbewusst gespeichert haben, lehnen wir in der Regel ab. Je nach Prägung. Wenn ich etwas ablehne oder verurteile, gehe ich auf die Suche, weil ich es verstehen will. Ich weiß, dass da immer ein Geschenk für mich wartet, denn ich integriere neue Sichtweisen in mein System und werde immer mehr eins mit der Fülle. Wenn wir alle eins und miteinander verbunden sind, gehört alles zusammen.

Und doch gibt es immer wieder Menschen, die das, was ich mache, verurteilen oder zumindest skeptisch sehen, weil es natürlich schon sehr stark dem entgegensteht, was wir in der Schule gelernt haben. Wahrscheinlich haben die meisten, die sich mit universellen Gesetzen und Persönlichkeitsentwicklung beschäftigen, Sätze wie diese schon gehört:

- «Das ist doch eine Sekte!»
- «Merkst du nicht, wie du dich veränderst?»
- «Du bist nicht mehr die Gleiche.»
- «Sie manipulieren dich, und du merkst das gar nicht ...»

Ich habe diese Sätze früher so oft über meine Mentoren gehört. Über einen meiner Mentoren gab es sogar einen sehr ausführlichen Artikel in einer großen deutschen Zeitung. Und auch meine Kunden haben das schon mal gehört.

Ja, ich habe mich superschnell verändert. Ja, meine Mentoren hatten einen Einfluss auf mich, und ich bin dadurch glücklicher geworden. Ich habe angefangen, mehr Verantwortung für mich und mein Leben zu übernehmen, und mehr nach innen geschaut als nach außen. Und vor allem habe ich bei vielen Dingen, die mir nicht mehr dienlich waren, einfach nicht mehr mitgemacht. Mir wurde es egal, was andere über mich denken. So wurde ich weniger manipulierbar. Wie grotesk. Da wird dir vorgeworfen, dass du manipuliert wirst, und im Grunde wurde ich weniger manipulierbar, weil ich nun frei in der Entscheidung bin und nicht nur aus unbewusst erlernten Programmen heraus agiere.

Du musst eines wissen: Sie meinen es nicht böse. Sie verstehen dich einfach nur nicht mehr. Sie haben Angst, dich als die Person zu verlieren, die du bis gestern warst. Sie wollen nicht, dass du dich so krass veränderst. Das ist gefährlich, es könnte nicht mehr passen. Sie wollen, dass du so bleibst, wie du bist. Das Ego will nie die Veränderung und versucht, dich kleinzuhalten – dort, wo du bist. Wenn du dich nämlich veränderst, passt du nicht mehr zu den anderen.

Teilweise hat mich früher nicht mal mein Mann verstanden. Von Eltern, Familie und Freunden ganz zu schweigen. Die verstehen mich mitunter heute nicht. Aber sie sehen, dass es für mich funktioniert und ich viel glücklicher und erfolgreicher bin. Sie lassen mich und ich lasse sie.

Ja, und viele meiner früheren Freunde sind nicht mehr meine Freunde, weil wir einfach nicht mehr zueinander passen. Ja, es hat wehgetan. Ich habe sogar eine Freundschaftskündigung per Mail erhalten. Das war nicht schön. Aber ich bin nicht bereit, mich anzupassen, um anderen zu gefallen, dafür liebe ich mich und mein Leben zu sehr. Ich sage dir das, weil es dir auch passieren kann und die Frage ist, ob du damit umgehen kannst.

Auf diesem Weg habe ich so viele andere neue Weggefährten gewonnen, die zu mir passen. Und es ist noch viel schöner. Sie nehmen mich so an, wie ich bin. Ich muss mich nicht anpassen, um ihnen zu gefallen, was leider immer noch viel zu viele Menschen jeden Tag machen, aus der Angst heraus, nicht dazuzugehören. Lieber sind sie unglücklich, als dass sie zu sich stehen. Ich verstehe es gut, denn ich habe es auch jahrelang so gemacht. Das sitzt verdammt tief.

Niemand meint es böse. Sie haben eine komplett andere Programmierung, die wir alle von klein auf gelernt haben und jeden weiteren Tag lernen. Universelle Gesetze und Persönlichkeitsentwicklung sind einfach krass für die meisten. Wir lernen in unserem Leben nicht, Verantwortung für uns und unsere Ergebnisse zu übernehmen. Wir lernen das Programm: Im Außen ist etwas, dann musst du es auch im Außen verändern: Du kannst nichts dafür, es ist halt passiert. Universelle Gesetze wirken aber genau gegenteilig.

Und dann bereitet es so viel Freude und Spaß. Da kann doch was nicht stimmen. Es muss doch irgendwas faul daran sein. Das Leben ist doch kein Ponyhof ...

Wie schon oft gesagt: Veränderung geschieht von innen nach außen. Alles, was im Außen passiert, hat etwas mit dir zu tun und zeigt dir, wer du bist und wie du über die Welt denkst. Willst du die Ergebnisse verändern, darfst du dich verändern. Das ist der leichtere und schnellere Weg.

Übrigens haben wir auch gelernt, dass wir, wenn wir etwas nicht verstehen und uns etwas gefährlich erscheint, dem einen Stempel geben. Das ist viel einfacher, als sich damit auseinanderzusetzen. Auch das sehen wir jeden Tag. Im Fernsehen sehen wir, wie die Politik es vormacht. Da geht jeder über jeden, unbequeme Meinungen bekommen einen Stempel, am besten einen, der nicht diskutierbar ist. Wenn es erst mal in der Schmuddelecke ist, wird es schwer sein, sich zu erholen. Die Menschen sind ja so leicht zu beeinflussen, die wenigsten hinterfragen die Dinge. Kommt es im Fernsehen, ist es also wahr. Es sind nicht alle so, doch gibt es dafür ganz viele Beispiele.

Ich habe es früher verurteilt, heute nehme ich es nur wahr und weiß um diese Wirkung. Und das ist gut, denn nur so können wir etwas anderes wählen. Alles hat seinen Platz. Deswegen bin ich sehr achtsam damit, was ich konsumiere. Ich schaue kein Fernsehen mehr, vor allem keine Nachrichten, höchstens mal einen schönen Film, den ich bewusst auswähle. Keine Horrorfilme oder Thriller, die tun mir gar nicht gut.

Es ist so: Ich weiß genau um meine Wirkung und die meiner Programme. Und unsere Teilnehmerinnen erleben enorme

Veränderungsprozesse und werden inzwischen auch mit solchen Dingen konfrontiert. Ich empfinde es schon fast als eine Ehre, denn auch Tony Robbins, einem der größten Motivationstrainer der Welt, wurde unterstellt, eine Sekte zu führen. Ich liebe Tony Robbins, auch von ihm habe ich sehr viel gelernt. Zum Verständnis: Um mit Tony 1:1 zu arbeiten, darfst du eine Million Dollar bezahlen, und es gibt eine Warteliste. Er füllt Hallen mit Tausenden von Menschen. Das ist beeindruckend – und wenn es nicht funktionieren würde, würden nicht so viele Menschen Jahr für Jahr zu ihm fliegen, manche zum wiederholten Male.

Ich stehe für Freiheit und mithilfe der universellen Gesetze und der Entwicklung meiner Persönlichkeit habe ich etwas geschafft, das weniger als ein Prozent der Menschen überhaupt schafft. Ich habe ein Millionenunternehmen aufgebaut, das jeden Tag Menschen mehr und mehr befähigt, ihren eigenen Weg zu gehen, für sich einzustehen und ein Business auf eine leichte Art und Weise zu betreiben, die ihnen entspricht. Das habe ich übrigens nicht geschafft, als ich brav das gemacht habe, was mir in der Schule beigebracht wurde: Wissen konsumieren, mich anpassen und über andere herziehen, die anders sind als ich und nicht ins Konzept passen.

Die Leader in der Arena verurteilen nicht die anderen, es sind die, die am Rand stehen und meinen, sie wüssten es besser, die sich aber kein Stück bewegen. Das sind auch die, welche die

Fußballer als Idioten beschimpfen, selbst unfähig sind und dabei übergewichtig mit einer Tüte Chips auf der Couch sitzen.

Wir sind so gut darin zu kritisieren und so schlecht im Erschaffen und Vorangehen!

Und noch was: Ja, Leaderinnen machen auch Fehler, ich auch, und ich lerne daraus. Nein, ich bin nicht perfekt, ich wachse jeden Tag und ich lerne jeden Tag. Aber ich habe keine Zeit, mich darüber aufzuregen, wie schrecklich andere sind, wie furchtbar sie dieses und jenes machen, mich jahrelang über eine Aussage zu ärgern und dafür das komplette Bild von jemandem zu verändern von «oh wie toll» zu «ganz schrecklich», weil diese Person etwas Bestimmtes gesagt hat.

Bei mir gibt es Klarheit, Transparenz, Größenwahn, Freude, Spaß und eine große Portion Liebe. Bullshit gibt es genug direkt vor der Tür. Und wenn du von mir lernen willst, freue ich mich auf dich. Ich weiß, dass immer genau die Richtigen kommen, und das ist schön, denn wir ziehen uns gegenseitig an.

ALLES IST MÖGLICH

Du hast jetzt viele Geschichten von mir gelesen über das, was ich alles gemacht und wie ich es gemacht habe. Zum Abschluss gebe ich dir noch ein paar allgemeine Informationen über meinen Weg. Denn ich weiß aus eigener Erfahrung, dass wir ganz oft eine Person sehen und denken, dass sie so weit weg von unserem Status ist. Wir erzählen uns Geschichten darüber, dass für diese Person alles ganz einfach und es für uns selbst in der Art nicht möglich ist. Als ich meine Mentoren das erste Mal auf der Bühne oder im Coaching erlebte, stellte ich sie auf ein Podest und dachte, dass sie weit über allem stehen. Dadurch habe ich mich von ihnen getrennt gesehen und unbewusst nach Gründen gesucht, warum das, was sie erzählen, für mich nicht funktioniert. Solange du nach Gründen suchst, warum etwas bei dir nicht funktioniert, funktioniert es auch nicht und findest du dafür ganz logische Beweise.

Mein Geheimnis ist: Ich bin ganz normal und nichts Besonderes, gleichzeitig bin ich etwas Besonderes und nicht normal – genau wie du. Ich habe mir erlaubt, mir selbst treu zu sein und nicht dem zu folgen, was allgemein als «normal» bezeichnet wird. Ich habe mich dem Bild, dem ich glaubte, entsprechen zu müssen, nicht mehr angepasst.

Ich habe mir erlaubt, das Besondere in mir zu sehen, das mich von anderen unterscheidet, und bin damit rausgegangen.

Unabhängig davon, was andere von mir glauben oder denken könnten. Oft verbunden mit der Angst, dass die anderen mich dafür verurteilen könnten. Aber ich bin durch diese Angst hindurchgegangen und habe meine Einzigartigkeit ausgelebt. Diese Einzigartigkeit hat jeder Mensch, denn ich bin nichts Besonderes. Alles, was ich dir in diesem Buch beschrieben habe, sind Geschichten, die du schon hundertfach gehört haben wirst.

Ich bin in Polen geboren, also gelte ich als Deutsche mit einem Migrationshintergrund. Das könnte man schon als schlechten Start bezeichnen. Ich komme aus einer Familie, die nie wirklich viel Geld hatte. Ich kenne keinen einzigen Unternehmer in unserer Familie, von dem ich hätte lernen können. Geld war Mangelware. Wir mussten nicht hungern, aber wir mussten planen, damit wir über die Runden kommen. Ich erinnere mich, dass ich Kleidung von ALDI trug und das furchtbar fand. Da ich im Vergleich schon immer groß gewachsen war, passten mir die Sachen nie richtig. Meistens waren sie zu kurz an Armen und Beinen oder viel zu weit. Als meine Freunde ins Kino gingen, sagte ich, dass ich keine Lust hätte mitzugehen. Ich wusste, dass für das Kino nicht genug Geld übrig war. Ich habe allerdings nie gesagt, dass ich kein Geld habe, weil ich mich dafür schämte. Natürlich wäre ich liebend gern ins Kino gegangen, aber ich habe noch nicht mal meine Eltern gefragt, ob ich Geld fürs Kino bekomme. Mir war klar, dass dafür nichts übrig war. Trotzdem haben meine Eltern immer versucht, uns alles innerhalb ihrer Möglichkeiten zu bieten.

Ich bin so dankbar für meine Eltern. Weil ich so bescheiden aufgewachsen bin und meine Eltern gleichzeitig immer versucht haben, das Beste für uns zu ermöglichen, habe ich immer den Wunsch gehabt, reich sein zu wollen. Ich habe mir diese Familie ausgesucht, um zu lernen, nicht mehr auf Geld achten zu müssen. Sie war perfekt für meinen Weg, ich bin dadurch zu der Person geworden, die ich bin.

Ein spirituelles Medium sagte mir kürzlich, dass es meine Seelenaufgabe sei, mein Familiensystem zu heilen – aus der Armut heraus in den Reichtum, sowohl spirituell als auch materiell. Als das Medium dies sagte, hat mich das sehr berührt. Denn in mir kam sofort der Gedanke hoch, dass ich schon immer reich sein wollte. Ich hatte schon immer den dringenden Wunsch, reich sein zu wollen. Ich hatte nie ein reiches Vorbild in meinem Umfeld. Meine Vorbilder waren Könige und Prinzessinnen, deshalb wollte ich eine Prinzessin sein, die einen Prinzen heiratet und dadurch reich wird.

Wenn ich meinen Weg anschaue, entdecke ich, wie ich mir verboten habe, über Geld zu sprechen oder überhaupt zu sagen, dass ich reich sein will. «Das macht man nicht», kam dann direkt als Glaubenssatz. Jetzt ist mir auch klar, warum ich mir diese Familie ausgesucht habe. Meine Eltern haben über Reiche geschimpft und gesagt: «Die sind böse und beuten Menschen aus.» Ich musste das erleben, um mich dagegen aufzulehnen und zu sagen, dass ich trotzdem anders leben wolle. Ich entschied mich bewusst dafür, auch wenn alles andere dagegensprach. Und ich konnte durch diesen Prozess lernen, andere Menschen genau an der Stelle abzuholen. Wäre ich reich geboren worden, wüsste ich erstens nicht, wie es sich anfühlt, arm zu sein, und außerdem nicht, wie sich Menschen von Reichtum abtrennen. Ich war auch lange Zeit von Reichtum getrennt und vertraute gleichzeitig darauf, dass alles gut sein würde. Dieser Glaubenssatz begleitet mich schon sehr lange. Ich weiß einfach, dass *immer* alles gut sein wird – und schon ist es egal, wie es sich im Moment anfühlt.

In Polen wird sehr viel über Leistung definiert, das wurde mir entsprechend so beigebracht. Du musst viel machen und fleißig sein. Du musst sehr viel arbeiten, um dir ein gutes Leben zu ermöglichen, und fleißiger als andere sein. Ich weiß, dass das eine Erfahrung in meinem Leben ist, die dazu geführt hat, dass ich heute da bin, wo ich bin. Auch dafür bin ich sehr dankbar. Ich habe dir die Geschichte von meinem Vater und der Geografie-Arbeit erzählt. Diese Geschichte hat mein Leben komplett beeinflusst – oft dachte ich, im negativen Sinne. Heute weiß ich, dass genau diese Geschichte mich weitergebracht hat, bis zu dem Punkt, an dem ich heute bin. Auch hier ist es, wie beim Thema Fülle, der Blickwinkel, mit dem ich eine Situation betrachte. Am Anfang habe ich mich über das Verhalten meines Vaters geärgert oder meine Eltern für das wenige Geld verurteilt. Dann habe ich nach den positiven

Aspekten gesucht. Ich habe aufgehört, meine Eltern oder irgendjemanden zu verurteilen für die Art, wie ich behandelt werde. Ich gehe davon aus, dass jeder in jedem Moment die beste Absicht hat und das Beste tut, was er in dem Moment kann. Wir wissen es oft einfach nicht besser. Ich bin heute anders zu meinen Kindern, als ich es vor zehn Jahren war, weil ich so viel erfahren und solch eine innere Transformation durchlebt habe. Ich habe mich so verändert und trotzdem in jedem Moment aus bester Absicht gehandelt. Ich habe gedacht, ich tue etwas Gutes.

Wenn ich heute darüber nachdenke, schlage ich auch die Hände über dem Kopf zusammen und denke: «Was hast du da gemacht?» oder «Warum hast du das gesagt?» Auch ich habe Verhaltensweisen übernommen, die mir jetzt eher fragwürdig erscheinen. Ich habe meine Kinder auch unter Druck gesetzt und ihnen gesagt, wie sie sich verhalten sollen. Ich habe ihnen manchmal wenig zugehört und Leistungsdruck auf sie ausgeübt. Ich selbst habe das als den richtigen Weg gelernt. Irgendwann habe ich es losgelassen, weil ich verstanden habe, dass die Dinge genau so kommen, wie sie kommen. Meine Kinder dürfen ihre Erfahrungen machen und wählen.

Ich wiederhole mich gern: Ich bin nichts Besonderes und gleichzeitig doch – und du bist nichts Besonderes und gleichzeitig bist du es. Deshalb bist du dazu imstande, alles zu erreichen, was du dir vorstellen kannst. Jedes Puzzleteil in deinem Leben kann dazu führen, dass du die Ziele erreichst, die du erreichen willst, und du zu der Person wirst, die du sein willst.

Dafür ist es hilfreich, dass es Menschen gibt, die vorangehen und zu denen wir aufschauen können. Sie sind schon dort, wo wir sein wollen.

Auch beruflich war ich nichts Besonderes. Ich begann zunächst, ein Semester Betriebswirtschaft zu studieren, weil ich immer einen guten Draht zu Zahlen hatte. Mathematik fiel mir schon in der Schule leicht. Mir wurde gesagt, dass ich nach einem BWL-Studium gut Geld verdienen könne. Das war genau meine Absicht. Nach einem Semester habe ich gemerkt, dass ich mich unter den Studenten unwohl fühlte. Es herrschte ein großer Konkurrenzkampf, niemand half dem anderen und mir fehlte das Menschliche. Das führte dazu, dass ich das Studium beendete und erkannte, dass ich lieber mit Menschen als mit Zahlen arbeiten wollte. Ich hatte keine Ahnung, was ich konkret machen konnte, und fing schließlich an, Pädagogik zu studieren. Das war das Beste, was ich machen konnte. Ich hatte zunächst keine Vorstellung, was mich erwartete, und fühlte mich auch dort erst mal fehl am Platz. Die Studenten dort waren überdurchschnittlich sozial eingestellt und im Gegensatz zum BWL-Studium ging es dort ständig darum, irgendjemandem zu helfen. Ich helfe auch liebend gern Menschen, aber ein Helfersyndrom habe ich nicht. Die Selbstlosigkeit, mit der viele andere ihre Hilfe angeboten haben, irritierte mich. Wieder merkte ich, dass ich irgendwie anders bin. Gleichzeitig erfuhr ich durch diese

Erkenntnis, dass ich den sozialen Aspekt mehr in mein Leben einladen durfte.

Das Helfersyndrom ist bei mir deshalb weniger ausgeprägt, weil ich fest daran glaube, dass jeder Mensch sich selbst helfen kann. Ich helfe gern und es ist auch heute der wichtigste Teil meiner Arbeit, anderen zu helfen. Allerdings sehe ich es eher als ein Angebot, mit dem es Menschen gelingt, sich selbst zu helfen. Für mich ist niemand ein Opfer, sondern jeder hat genug Kraft, sich mit etwas Unterstützung eine neue Perspektive zu verschaffen. Jeder ist in jedem Moment perfekt und hat alle Kraft, die er braucht. Manchmal vergessen Menschen, dass sie diese Kräfte haben, und dann helfe ich, diese Kräfte zu neuem Leben zu erwecken.

Im Pädagogik-Studium habe ich wieder gemerkt, dass ich anders bin, und sehr viel gelernt. Besonders die Seminare zur Sozialpsychologie fand ich hochinteressant. Ich fing an zu verstehen, wie Menschen ticken, warum sie sich in Anwesenheit anderer Menschen anders verhalten und die Dinge tun, die sie tun. Vieles war mir zu theoretisch und ich konnte wenig damit anfangen. Aber ich habe das Studium bis zum Ende durchgezogen und mit einer Diplomarbeit abgeschlossen. Bis zum Abschluss dauerte es länger als vorgesehen, da ich zwischendurch zweimal Mutter geworden bin. Das war nicht geplant und natürlich kamen von außen Vorwürfe, wie unmöglich das sei. Auch wenn es überraschend war, ist mir später klar geworden, dass ich mir beide

Schwangerschaften genau so manifestiert hatte. Ich wollte mit 25 Jahren Mutter werden und das zweite Kind sollte in kurzem Abstand zum ersten kommen. So hatte ich es mir gewünscht und genau so ist es passiert. Meine Schwester und ich sind sieben Jahre auseinander, das schien mir immer zu viel. Ich dachte, dass ein geringerer Altersunterschied besser für alle sei.

Als mein zweites Kind zur Welt kam, studierte ich immer noch. Ich habe mir Zeit gelassen und mich um meine Kinder gekümmert. Irgendwann spürte ich jedoch einen gewissen Druck, mit dem Studium fertig zu werden. Außerdem gab es zu der Zeit viele freie Stellen im sozialen Bereich. Die Aussicht auf eine Arbeitsstelle direkt im Anschluss an das Studium motivierte mich. Tatsächlich bekam ich unmittelbar nach dem Studium eine Stelle als Kindergartenleiterin. Das war auch wieder so eine seltsame Geschichte. Ich sah die Stellenanzeige in einer Zeitung und bewarb mich, obwohl ich keine Erfahrung hatte. Meine Kinder waren im Kindergarten und ich hatte während des Studiums ein Praktikum in einer Krippe gemacht, aber ansonsten konnte ich nichts vorweisen. Ich sah die Anzeige und schrieb die Bewerbung. Als ich von Freunden gefragt wurde, ob ich mir das zutraute, verstand ich die Frage nicht. Ich habe sie mir selbst nie gestellt. Erst durch meine Freunde kam sie in mein Feld. Ich habe mich aufgrund meines Impulses beworben und damit entschieden, dass ich es schaffe. Mein Glaubenssatz war ja, dass alles gut wird. Auch wenn ich manchmal keine Vorstellung davon habe, wie es gehen soll – es wird gut.

Ich bekam die Stelle. Die ersten Monate waren furchtbar anstrengend, weil so viele Dinge auf mich zukamen, von denen ich mich überfordert fühlte. Gleichzeitig habe ich viel gelernt. Meine Entscheidung, die Stelle anzutreten, habe ich nie infrage gestellt, sondern es als meine Aufgabe gesehen, Neues zu lernen. Ich habe einfach weitergemacht.

Diese Haltung ist der Grund, warum ich dir die Geschichte erzähle. Vielleicht fühlt es sich für dich im Moment auch so an, dass du viel Neues erlebst oder lernst und dich das überfordert. Es scheint überall Chaos zu herrschen, innen und außen. Ich möchte dir Mut machen, einfach weiterzugehen. Du kannst nicht scheitern. Der einzige Moment, in dem du scheiterst, ist der, in dem du stehen bleibst oder aufhörst weiterzumachen. Alles bekommt eine neue Ordnung, wenn du durch das Chaos gehst. Ich bin so lange durch das Chaos gegangen, bis ich mit allem fertig wurde und meine Aufgabe anfing, mich zu langweilen. Ich hatte gute Arbeit geleistet, denn die Anmeldezahlen für diesen Kindergarten waren so sehr gestiegen, dass es eine Warteliste gab. Die Stimmung und Motivation der Eltern und in meinem Team waren gut. Die Herzlichkeit war in allen Bereichen zu spüren. Ich habe die Zeit genossen und wusste gleichzeitig, dass es Zeit ist weiterzugehen.

Als nächstes wurde ich Fachberaterin für Kindertagesstätten. Diese Geschichte habe ich dir schon im Kapitel «Manifestation» beschrieben. Ich erfuhr in einem Nebensatz, dass meine damalige Vorgängerin bald in Rente gehen würde, und entschied in dem Moment, dass ich ihre Nachfolgerin werde. Ich wusste, dass ich ihre Stelle bekomme. Ich wollte vorn stehen und den Kindergartenleitungen erzählen, wie sie die neuen Gesetze umsetzen und ihre Einrichtungen mit genau der Herzlichkeit führen können, wie ich es bisher getan hatte. Mein Wunsch war so stark, dass ich ab dem Moment nur noch daran gedacht habe, wie es ist, wenn ich Fachberaterin wäre. Ich hatte erst drei Jahre Erfahrung und es gab Kolleginnen, die schon viel länger im Dienst waren, aber ich habe mich in dieser Stelle gesehen. Die Tätigkeit war anspruchsvoll, meine Vorgängerin war eine echte Koryphäe. Ich überlegte mir, was nötig sei, um diese Stelle zu bekommen, und nahm mit vielen Menschen Kontakt auf, denen ich erzählte, dass ich die Position haben wollte. Noch bevor die Stelle ausgeschrieben wurde, verfasste ich eine Initiativbewerbung, in der ich schrieb, ich sei die Beste für diese Stelle. Ich kann dir gar nicht sagen, woher ich damals diesen Mut genommen habe. Ich hatte so viel dazu manifestiert und geträumt, dass ich sicher war, es zu sein. Ich sah mich, wie ich viel Neues lernte und mein Wissen weitergab. Es gab viele Bewerbungen, aber wie du weißt, bekam dann ich die Stelle.

Sechs Jahre habe ich als Fachberaterin gearbeitet, weil ich so viel Neues gelernt habe. Es war eine sehr abwechslungsreiche Tätigkeit. Doch irgendwann merkte ich auch hier, dass es Zeit war weiterzuziehen. Ich liebte diesen Job und war so frei in dem, was ich tun konnte, und gleichzeitig spürte ich, dass eine größere Aufgabe auf mich wartete. Es ist mir extrem schwergefallen, zu kündigen, weil es mir dort so gut ging und ich vor dem, was mich erwartete, ein wenig Angst hatte.

Warum ich diese Geschichte hier noch mal erzählt habe, liegt daran, dass sie sehr gut zu der Aussage passt: Wie du eine Sache machst, machst du alle Sachen. Die gleiche Leidenschaft und Energie, die ich damals in die Bewerbung um diese Stelle gesteckt habe, fließt heute in meine Arbeit als Coach und Mentorin. Meine Entwicklung bis heute verlief genau so, dass ich mit etwas begonnen habe, ohne zu wissen, wie es im Detail funktioniert. Der Lernprozess war der gleiche, diesmal ging es um den Aufbau eines Business, die universellen Gesetze und wie Geld funktioniert. Immer wenn ich mich für etwas entscheide, mache ich es voller Enthusiasmus und mit viel Ehrgeiz. Ich will einfach gut sein und das Thema vollständig durchdringen. Ich mache es mit Freude.

An dieser Stelle kommt die Verbindung zu Geld. Geld folgt der Freude, nicht andersherum.

2017 lernte ich das Konzept von Gedankentanken® kennen und fand meine ersten Mentoren. Ich fühlte, dass sie mir meinen neuen Weg zeigten. Ich hatte schon zu meiner Zeit als Fachberaterin angefangen, nebenher Seminare zu geben, um mehr Geld zu verdienen. Ich hatte noch keine Ahnung, wie ich damit ein eigenes Business aufbauen könnte, ich wollte einfach nur lernen und mich weiterentwickeln. Mein einziges Ziel war, auf der Gedankentanken®-Bühne zu sprechen, wie ich es dir schon erzählt habe. Für alles andere hatte ich weder eine Vorstellung noch einen Plan. Ich gab Seminare im sozialen Bereich und machte einfach weiter.

Mein Mann war zu der Zeit schon mehr als 20 Jahre Unternehmer, es ging uns finanziell immer gut. Ich hätte selbst kein Geld verdienen müssen, aber ich tat es, weil es mir Spaß machte. Auch hier wirkte schon der Aspekt, dass Geld der Freude folgt. Ich habe meine Jobs ausgewählt, weil sie mir Freude gemacht haben. So freute ich mich auch immer, wenn ich dafür Geld bekam. Außerdem fühlte ich mich sicher, dass immer Geld da ist.

Jetzt denkst du vielleicht, dass ich gut reden habe. Wenn der Mann genug verdient, ist es leicht, sich sicher zu fühlen. Das Gefühl der Sicherheit habe ich jedoch in mir selbst erzeugt und hatte nichts mit meinem Mann zu tun. Hinzu kommt, dass mein Verdienst für uns auch wichtig war, weil wir uns ein Haus gekauft und einen gewissen Lebensstandard aufgebaut hatten. Ich spürte diesbezüglich keinen Druck, weil ich mir keinen Druck gemacht habe.

2017 wurde jedoch für meinen Mann die schlechteste Zeit seines Lebens. Das Geschäft lief plötzlich schlecht, Mitarbeiter kündigten und der Dispokredit ging über 100.000 Euro. Viele Unternehmen fahren in so einer Situation gegen die Wand und gehen insolvent. Ich kann mich genau daran erinnern, dass ich mit meinem Mann damals beschlossen habe, dass Insolvenz oder Aufgeben keine Optionen für uns sind und wir alles wieder in Ordnung bringen wollten. Wir sahen den Weg noch nicht, aber wir haben entschieden weiterzumachen. Ich fing bei ihm an, im Büro zu arbeiten, und half, so gut es ging, bei der Kundenbetreuung. Ich vertröstete Kunden, da alles im Chaos zu versinken schien: Mitarbeiter waren von heute auf morgen weg, der Subunternehmer fiel aus, vereinbarte Termine konnten deshalb nicht eingehalten werden. Wir hatten das volle Programm mit Betrug, menschlicher Enttäuschung und Existenzängsten.

Um den Dispokredit zu bedienen, haben wir einen Kredit aufgenommen, der uns mit Ach und Krach genehmigt wurde und für den wir unser Haus verpfänden mussten.

Heute weiß ich, dass aus Sicht der universellen Gesetze genau das passieren musste, damit wir das Geschäft neu aufbauen konnten. Die alten Strukturen hätten wir ohne diese Katastrophe nur schwer aufgelöst. Mit den alten Mitarbeitern hätten wir das Unternehmen nicht so groß machen können, wie es danach geworden ist. Ich hätte vielleicht den Mut nicht gehabt zu kündigen, wenn ich nicht beschlossen hätte, meinem Mann zu helfen.

Das erste Jahr war schwierig, aber wir haben einfach weiter daran geglaubt, dass wir es schaffen. All unsere Berechnungen liefen darauf hinaus, dass es unmöglich ist, das Geschäft wieder zu Gewinnen zu führen. Nach dem logischen Verstand war es nicht möglich. Wir blieben bei dem Glauben, dass das Geschäft bald besser laufen würde als jemals zuvor und wir nie da gewesene Umsätze erwirtschaften würden. Heute, vier Jahre später, ist das tatsächlich so – und wirklich erklären kann ich's dir nicht. Der Glaube war da und wir sind Schritt für Schritt weitergegangen. Unsere Situation hat uns nicht aufgehalten, sondern motiviert, der Welt zu zeigen, dass wir es wieder in Ordnung bringen. Natürlich gab es Menschen, die uns das weder zugetraut noch gewünscht haben, aber auch das haben wir ignoriert. Wir wurden traurig, dass sie uns das sagten, aber wir blieben bei unserem Glauben an uns selbst.

Zwei wichtige Erfahrungen habe ich damals gemacht: Die erste war, dass ich mich nicht darauf verlassen kann, dass mein Mann immer gleich viel Geld verdient. Die zweite, dass es Blödsinn ist, zu glauben, nur der Mann könne das Geld nach Hause bringen. Mir wurden meine limitierenden Gedanken bewusst.

Heute bin ich so glücklich und dankbar für diese schwierige Zeit, weil ich erlebt habe, wie mein Mann und ich uns gegenseitig unterstützt haben, weil wir gegen jede Logik Erfolg hatten und dadurch letztendlich zwei Unternehmen aufgebaut haben.

Konnte ich dir mit diesen Geschichten deutlich machen, was Fülle wirklich bedeutet? Es ist nicht das, was im Außen ist, sondern es kommt auf deinen Blickwinkel an und wie du das, was da ist, für dich nutzt. Wir hätten in die Insolvenz gehen können, stattdessen haben wir die Situation als Motivation zu einer grundlegenden Veränderung genutzt.

Diese Erfahrung hat dazu beigetragen, dass mein Business jetzt so ist, wie es ist. Ich habe die Entscheidung getroffen, dass ich mich von nichts und niemandem im Außen abhängig mache. Ich weiß, dass ich mir in jedem Moment alles erschaffen kann, und baue mir meine Welt mit Leichtigkeit auf – so, wie sie mir gefällt.

Alles ist möglich!

Let's go Empire!

DANKE

An allererster Stelle möchte ich meinen Eltern danken, denn ohne sie wäre ich nicht da und auch nicht da, wo ich heute bin. Ihr habt alles mit den besten Absichten gemacht und mit größter Liebe, die ihr mir und meiner Schwester geschenkt habt. Ich weiß heute, dass alles, was ich viele Jahre kritisiert habe, weil es mir wehgetan hat, genau das war, was ich gewählt habe. Genau das hat dazu beigetragen, dass ich heute der Mensch bin, der ich bin. Dafür bin ich euch von Herzen sehr dankbar.

Ich danke meinem Mann Stefan von Herzen, dass er mit mir diesen Weg geht, dass er mit mir an meine Vision glaubt, dass er mich immer unterstützt und dass er immer für mich und unsere Kinder da ist. Vor allem danke ich dir, lieber Stefan, dass du mit mir diesen Weg der Persönlichkeitsentwicklung gehst und dich mit mir zusammen diesen Themen stellst. Immer mal wieder kommen Themen einfach hoch und wir dürfen uns gegenseitig darin spiegeln und unterstützen.

Ich danke meinen wundervollen Kindern, mit denen ich auch wachsen durfte und für die ich unglaublich dankbar bin. Ich danke meinem wundervollen Team, das mich tatkräftig unterstützt, mir so viel abnimmt, immer mitdenkt, sodass ich mich dem widmen kann, was mir am wichtigsten ist: unsere Vision und Mission weiterzutragen, Menschen zu berühren und mehr in die Fülle zu bringen.

Ich danke meiner Schwester Anna, über die ich mich so sehr erfahren durfte. Sie denkt riesengroß, geht voran und war mir stets ein Vorbild, als ich noch klein gedacht und mich so oft gewundert habe, wie das gehen sollte, was sie sich mal wieder vorgenommen hatte. Du warst mir jedes Mal ein Vorbild dafür, dass es funktioniert, wenn man daran glaubt. Danke dir dafür.

Ich danke meiner lieben Freundin Verena von Herzen, die mich bei der Umsetzung dieses Buches unterstützt und mir geholfen hat, meine Gedanken zu sortieren. Sie hat diesem Buch die Struktur und den Rahmen gegeben und es so werden lassen, wie es ist. In dieser Zeit haben wir uns noch mehr und tiefer verbunden.

Ich danke allen meinen Kunden von Herzen für ihr Vertrauen und dass sie diesen Weg mit mir gegangen sind. Jeder einzelne hat dazu beigetragen, dass ich und mein Business gewachsen sind. Es ist nie eine Einbahnstraße und das ist gut so.

Ich danke allen meinen Mentoren, von denen jeder ein sehr wichtiger Puzzleteil auf meinem Weg war und dazu beigetragen hat, dass ich ein Stück mehr gewachsen bin. Insbesondere danke ich Tobias Beck, mit dem mein neuer Weg der Persönlichkeitsentwicklung 2017 gestartet ist. Ich habe durch ihn eine neue Art des Lernens erfahren, die mich nachhaltig verändert hat. Ich fühlte mich sehr herausgefordert und inspiriert zugleich. Es war eine der besten Erfahrungen, die ich auf diesem Gebiet machen durfte. Des Weiteren danke ich Bob Proctor, durch den ich so viele Dinge tiefer und vor allem mich selbst besser verstanden habe. Ich bin so dankbar, dass ich «Thinking into Results» damals in mein Leben gezogen habe und es weiter in die Welt tragen darf. Denn auch wenn Bob Proctor 2022 von dieser Welt gegangen ist, so lebt sein Geist weiter durch das Wirken von mir und so vielen anderen wundervollen Menschen.

Danke.

ÜBER DIE AUTORIN

Beate Glöser ist Dipl.-Pädagogin, Business-Mentorin, Trainerin und Speakerin. Sie ist in Polen geboren und im Alter von 13 Jahren mit ihrer Familie nach Deutschland ausgewandert. Ihre Eltern wollten ihr und ihrer Schwester hier eine bessere Zukunft ermöglichen. Ihre Kindheit und auch ihr späteres Leben sind stark durch Leistung und Funktionieren geprägt. Glaubenssätze wie: «Du musst für Geld hart arbeiten» oder «Geld macht auch nicht glücklich» wurden nicht hinterfragt.

Sie wuchs in einfachen Verhältnissen in einer Arbeiterfamilie auf. Als Kind träumte sie bereits von einem reichen Leben, in dem Geld keine Rolle spielt, weil es immer da ist. Das war aber etwas, worüber sie nicht sprach, weil «man über Geld nicht spricht».

Da sie schon immer Zahlen liebte, entschied sie sich, nach dem Abitur Betriebswirtschaftslehre zu studieren. Dort fühlte sie sich überhaupt nicht gut, weil sie großen Konkurrenzkampf untereinander und nur sehr wenig Gemeinschaft erfuhr. Nach dem ersten Semester brach sie ihr Studium ab, denn das war kein Ort, an dem sie sein wollte. Sie studierte schließlich Erziehungswissenschaften und schloss als Dipl.-Pädagogin ab.

Nach dem Studium leitete Beate Glöser mehrere Jahre eine Kindertagesstätte, in der sie als Führungskraft wichtige Erfahrungen sammelte. Diese Erfahrungen nutzte sie später als Fachberaterin für Kindertageseinrichtungen. Sie übte diese Aufgabe sehr gern über viele Jahre aus.

Im Jahr 2018 machte sie sich als Trainerin und Coach selbstständig und gab zu Beginn Seminare im sozialen Bereich für Führungskräfte im Bereich Kommunikation, Leadership und für pädagogische Themen. 2019 wurde ihr erstes Buch «Miteinander sprechen: Gelingende Gespräche in der Kita» veröffentlicht.

Als 2020 alle ihre Liveseminare von einem Tag auf den anderen abgesagt wurden, schlug sie einen neuen Weg ein und stellte ihr Business sehr erfolgreich von offline auf online komplett um. Die Situation im Außen zwang sie dazu, den längst überfälligen Schritt zu tun, den sie davor immer und immer wieder aufgeschoben hatte.

Im Jahr 2021 kam Bob Proctor, einer der erfolgreichsten Coaches der Welt, als Mentor in ihr Leben. Sie befasste sich in den Folgemonaten intensiv mit den universellen Gesetzen, insbesondere dem Gesetz der Anziehung. Schnell bemerkte Beate Glöser, dass sie viele der Gesetze bereits seit Jahren intuitiv «richtig» gelebt hatte und diese bereits zu erheblichem Erfolg beigetragen hatten. Sie stieg immer tiefer in die Materie ein und lernte von den Besten weltweit. Je mehr sie sich mit den Gesetzen und ihrer eigenen Spiritualität befasste, desto erheblicher wuchs ihr Business und der Erfolg ihrer Coachees. Von Anbeginn ihrer Tätigkeit als PGI-Consultant beim Proctor Gallagher Institut erreichte sie überdurchschnittliche berufliche und private und somit auch finanzielle Meilensteine.

Sie liebt es, dazu beizutragen, Menschen groß und erfolgreich zu machen, und ihnen dadurch zu ermöglichen, ein erfülltes Leben zu leben.

Beate Glöser ist seit mehr als 20 Jahren glücklich verheiratet und hat zwei erwachsene Kinder.

Wenn du mehr über Beate Glöser erfahren möchtest, dann höre dir doch einfach ihre neuen Podcast-Episoden an oder besuche die Webseite von ihr.

Webseite:

https://greatness-academy.de

Podcast:

https://greatness-academy.de/ podcast/

WEITERFÜHRENDE QUELLEN

Meine Quellen sind vor allem meine Lebenserfahrungen, die ich aus unzähligen Coachings, Seminaren und eigenen Veranstaltungen gesammelt habe. Ich habe viele Bücher gelesen, auf denen mein Wissen beruht. Alles, worüber ich schreibe, basiert auf echten Erfahrungen. Oft wurde das, was ich erlebt und was ich bei meinen Kunden beobachtet habe, mit dem Hintergrund von dem, was ich gelesen habe, zu etwas Neuem, zu einem verinnerlichten Wissen und nicht zu einer weiteren Theorie.

Deswegen nenne ich hier die Bücher, die mein Leben maßgeblich und nachhaltig verändert haben:

1. Dispenza, Joe (2017): Werde übernatürlich – Wie gewöhnliche Menschen das Ungewöhnliche erreichen. Koha-Verlag.

2. Douglas, Gary M. / Heer, Dr. Dain (2018): Geld ist nicht das Problem, sondern du. Access Consciousness Publishing Company.

3. Hicks, Esther / Hicks, Jerry (2009): The Law of Attraction – Das kosmische Gesetz hinter The Secret. Ullstein Taschenbuch Verlag.

4. Hill, Napoleon (2018): Think and Grow Rich. FinanzBuch Verlag.

5. Maltz, Maxwell (2022): Psychokybernetik. FinanzBuch Verlag.

6. Thinking into Results – das Erfolgsprogramm von Bob Proctor und Sandy Gallagher

7. Tolle, Eckhart (2003): Jetzt! – Die Kraft der Gegenwart. Kamphausen Media.

8. Walsch, Neale Donald (2009): Gespräche mit Gott. Band 1. Ein ungewöhnlicher Dialog. Arkana.

Entdecke
weitere Bücher in unserem
Online-Shop

www.remote-verlag.de

Printed in Poland
by Amazon Fulfillment
Poland Sp. z o.o., Wrocław

24588454R00148